VOYAGE EN ALGÉRIE

# ALGER BLIDAH

### et

## LES GORGES DE LA CHIFFA

## PAR ANATOLE LEFORT

Ouvrage entièrement illustré

### PAR P. DUBUISSON

VOYAGE EN ALGÉRIE

# ALGER, BLIDAH

ET

## LES GORGES DE LA CHIFFA

PAR ANATOLE LEFORT

OUVRAGE ENTIÈREMENT ILLUSTRÉ

PAR P. DUBUISSON

# PRO PATRIA

Il est un reproche que l'on adresse souvent aux Français, c'est celui de ne pas aimer assez les voyages. Ce reproche est mérité et je le déplore, car, sans avoir les idées tournées vers les conquêtes nouvelles, je pense souvent à nos conquêtes anciennes, à cette Afrique, cette terre d'avenir qui, grâce à quelques vaillants pionniers, s'ouvre chaque jour davantage à la civilisation, sous l'égide du drapeau français. Malheureusement ce beau pays est encore bien peu connu de nous, cependant l'étranger, plus entreprenant, y trafique et y prospère à nos dépens.

Si le Français n'était pas d'une si grande indifférence en matière coloniale et, il faut bien le dire, si généralement ignorant en géographie, au lieu de se contenter de lire au coin de son feu des récits plus ou moins pompeux et véridiques, de fêter simplement à leur retour nos vaillants explorateurs, il allait lui-même visiter nos colonies, surtout certaines, notre belle et riche Algérie, par exemple, cette nouvelle

France si proche et aujourd'hui si bien reliée à la mère patrie, il en reviendrait certainement émerveillé, étonné même et avec des idées plus réelles, plus pratiques j'en suis sûr que celles que peut lui donner la simple lecture d'un beau roman, d'un conte fantastique, serait-ce celui des *Mille et une Nuits*.

Allons, réveillons-nous, soyons de réels, intelligents et sincères patriotes, ne laissons pas à d'autres le soin de profiter d'une gloire parfois chèrement acquise.

Visitons nos colonies, nous en récolterons certainement *honneur, plaisir et profit*.

A. L.

*Mon cher Dubuisson,*

*A vous mon cher Dubuisson, mon vaillant camarade à l'armée de la Loire, je confie en premier ces quelques lignes.*

*Si vous les croyez dignes de votre incomparable crayon, veuillez illustrer ce récit véridique et sincère, d'un amoureux de notre belle Algérie, d'un ami qui, pour votre talent, professe une réelle admiration.*

*Et si, après avoir daigné orner ces quelques pages, ce petit exposé, grâce au cadre dont vous l'aurez enrichi, trouve crédit auprès du lecteur bienveillant, vous m'aurez procuré un réel plaisir.*

*Aussi, pour vous en remercier, j'appelle sur vous et les vôtres les bénédictions d'Allah, par l'intermédiaire de Mohamet son grand prophète.*

*Votre dévoué et reconnaissant ami*

ANATOLE LEFORT.

# ALGER BLIDAH

## ET

## LES GORGES DE LA CHIFFA

*Exposé rapide et Légendes
sur l'Algérie*

## I

L'Algérie est un pays que tous les Français devraient visiter.

Aller en Algérie ce n'est pas s'expatrier, comme le croient malheureusement trop de Français, car cette belle France d'Afrique n'est guère qu'à trente heures de la mère patrie, de notre belle France d'Europe, la reine du monde.

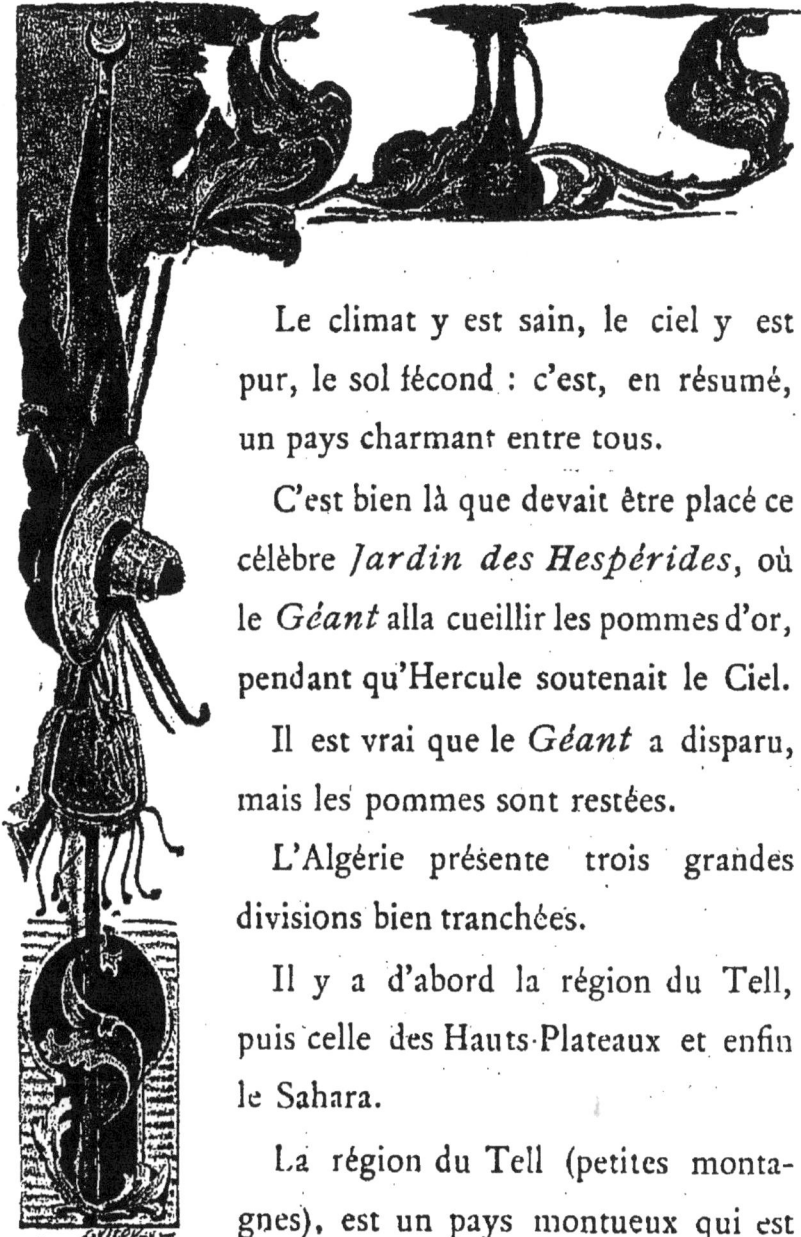

Le climat y est sain, le ciel y est pur, le sol fécond : c'est, en résumé, un pays charmant entre tous.

C'est bien là que devait être placé ce célèbre *Jardin des Hespérides*, où le *Géant* alla cueillir les pommes d'or, pendant qu'Hercule soutenait le Ciel.

Il est vrai que le *Géant* a disparu, mais les pommes sont restées.

L'Algérie présente trois grandes divisions bien tranchées.

Il y a d'abord la région du Tell, puis celle des Hauts-Plateaux et enfin le Sahara.

La région du Tell (petites montagnes), est un pays montueux qui est

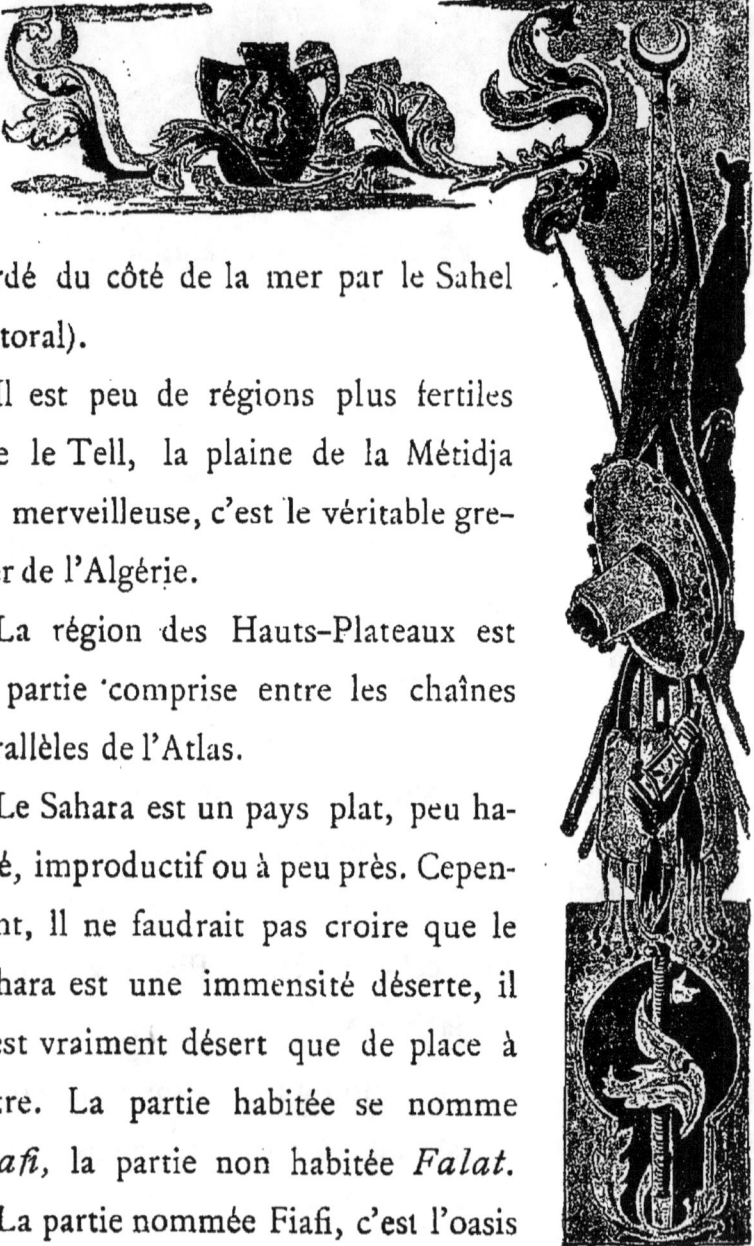

bordé du côté de la mer par le Sahel (littoral).

Il est peu de régions plus fertiles que le Tell, la plaine de la Métidja est merveilleuse, c'est le véritable grenier de l'Algérie.

La région des Hauts-Plateaux est la partie comprise entre les chaînes parallèles de l'Atlas.

Le Sahara est un pays plat, peu habité, improductif ou à peu près. Cependant, Il ne faudrait pas croire que le Sahara est une immensité déserte, il n'est vraiment désert que de place à autre. La partie habitée se nomme *Fiafi,* la partie non habitée *Falat.*

La partie nommée Fiafi, c'est l'oasis

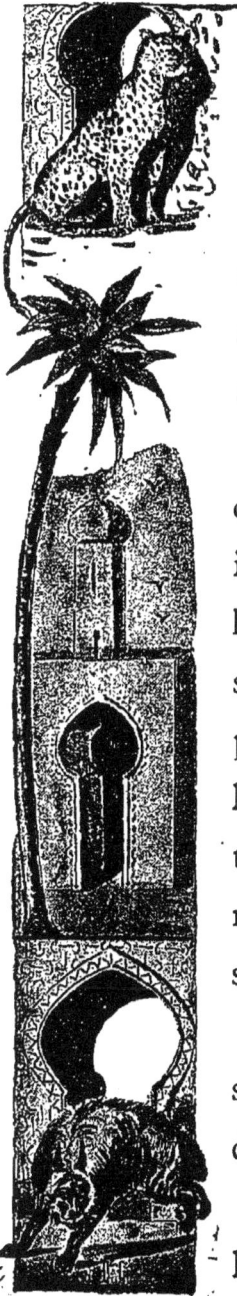

où la vie est concentrée autour des sources, sous les palmiers, à l'abri du soleil.

Lorsque le temps est clair, il est facile de se diriger au milieu de cette immense solitude, mais quand souffle le *Simoun* ou *Siroco* (vent du désert), l'air se remplit de sable impalpable, qui pénètre dans les yeux, rôtit la peau, recoquille les feuilles, brûle tout ; il arrive parfois que ce vent terrible recouvre de masses énormes de sable des caravanes entières.

Le Siroco se fait également sentir sur les Hauts-Plateaux et quelquefois dans la région du Tell.

Le dattier est l'arbre des oasis comme l'oranger est l'arbre de la plaine.

Il n'y a en Algérie que deux saisons, la saison pluvieuse d'octobre à fin mars et la saison sèche d'avril à fin septembre. C'est en décembre et en janvier que la pluie tombe le plus.

La température moyenne est d'environ 28 à 30° dans la région du Tell, 40 à 45° sur les Hauts-Plateaux et 45 à 50° dans le Sahara.

Parmi les animaux qui peuplent ce beau pays, nous trouvons d'abord le cheval.

Le cheval algérien est très réputé, la race la plus renommée est la race tarbe, le cheval est le véritable compagnon et l'ami de l'Arabe. Je ne m'étendrai pas sur les qualités de ce noble animal, vous les connaissez aussi bien que moi.

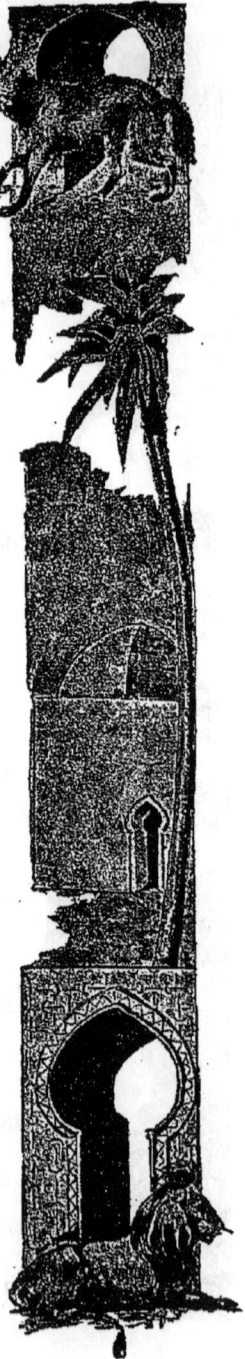

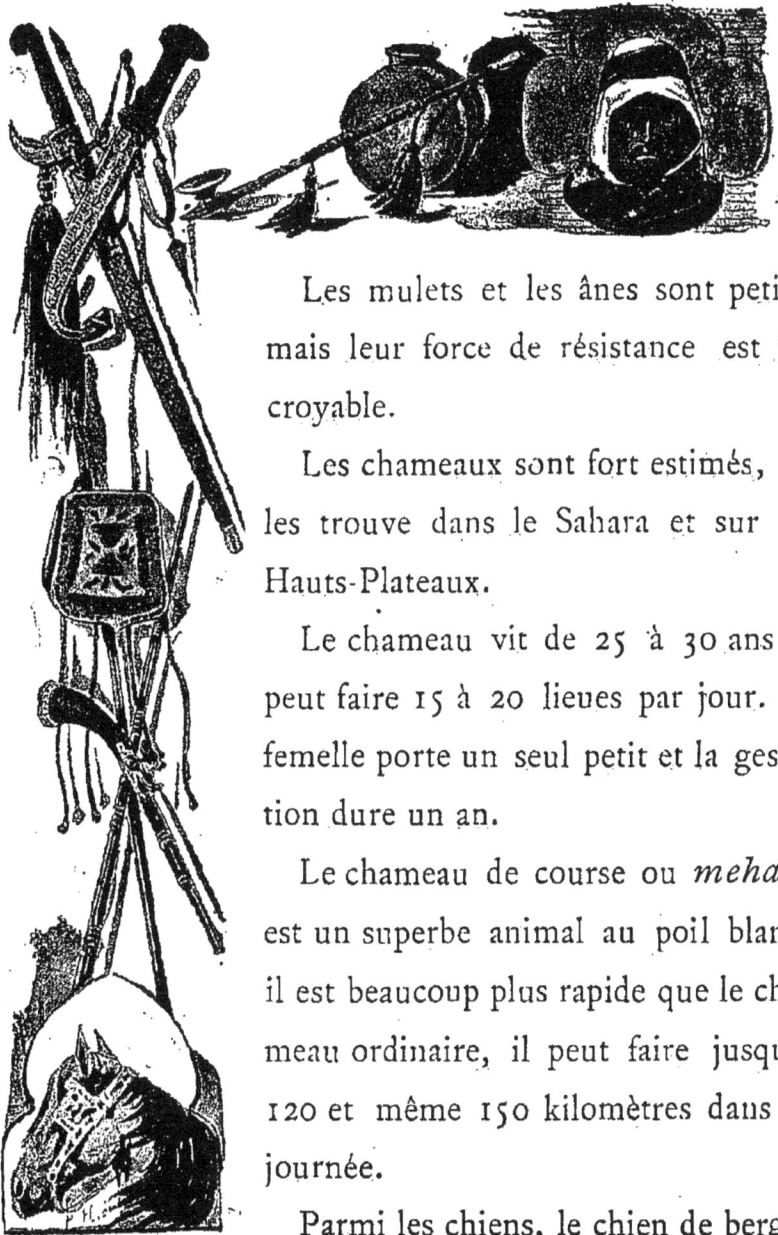

Les mulets et les ânes sont petits, mais leur force de résistance est incroyable.

Les chameaux sont fort estimés, on les trouve dans le Sahara et sur les Hauts-Plateaux.

Le chameau vit de 25 à 30 ans et peut faire 15 à 20 lieues par jour. La femelle porte un seul petit et la gestation dure un an.

Le chameau de course ou *mehari* est un superbe animal au poil blanc, il est beaucoup plus rapide que le chameau ordinaire, il peut faire jusqu'à 120 et même 150 kilomètres dans sa journée.

Parmi les chiens, le chien de berger

Kabyle est très estimé; le *schlouguis*, grand chien du sud, est le chien de chasse par excellence, il force le lièvre et fatigue la gazelle. Il est féroce, on prétend qu'il est le produit du chien et de la louve.

On rencontre beaucoup d'autruches dans le Sahara. Leur chair est assez savoureuse, leurs plumes et leus œufs sont l'objet d'un assez grand commerce.

Le lion (*Sba*), se rencontre peu maintenant. Cependant l'Algérie était autrefois son véritable domaine. Il y en avait une quantité dans le Tell avant la colonisation. Gérard et Hamed-ben-

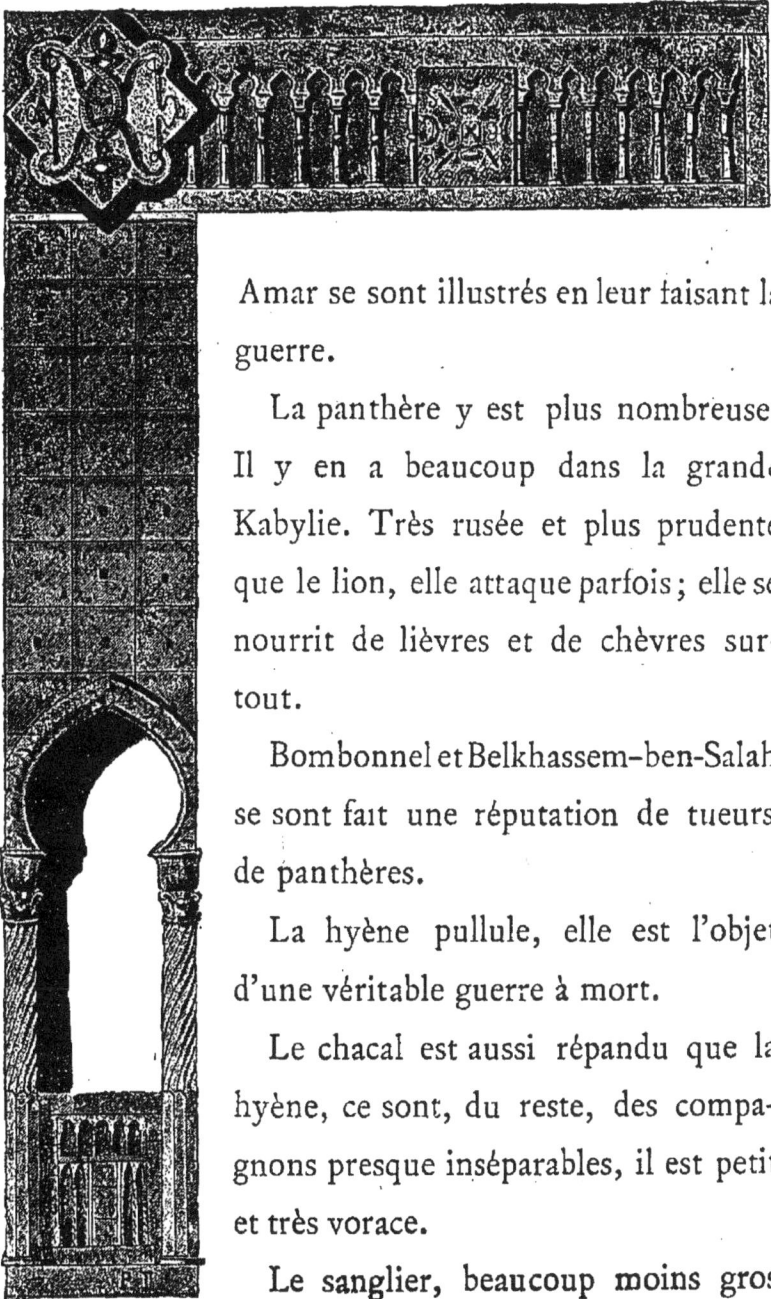

Amar se sont illustrés en leur faisant la guerre.

La panthère y est plus nombreuse. Il y en a beaucoup dans la grande Kabylie. Très rusée et plus prudente que le lion, elle attaque parfois ; elle se nourrit de lièvres et de chèvres surtout.

Bombonnel et Belkhassem-ben-Salah se sont fait une réputation de tueurs de panthères.

La hyène pullule, elle est l'objet d'une véritable guerre à mort.

Le chacal est aussi répandu que la hyène, ce sont, du reste, des compagnons presque inséparables, il est petit et très vorace.

Le sanglier, beaucoup moins gros

que le sanglier de France, est abondant dans certaines contrées, sa chasse n'est pas exempte de dangers.

Parmi les insectes, je citerai la sauterelle, véritable calamité pour l'Algérie. Malgré tous les moyens employés jusqu'ici le nombre n'en diminue guère. Cependant, on leur fait une chasse acharnée. Indigènes, colons, militaires, tout le monde se lève dès qu'on les signale.

Il y a encore un autre fléau plus redoutable que la sauterelle ailée. Je veux parler de la sauterelle humaine, du Juif (*youdi*), parasite qui dévore ce beau pays et le ronge. C'est un être détesté du colon, exécré de l'Arabe.

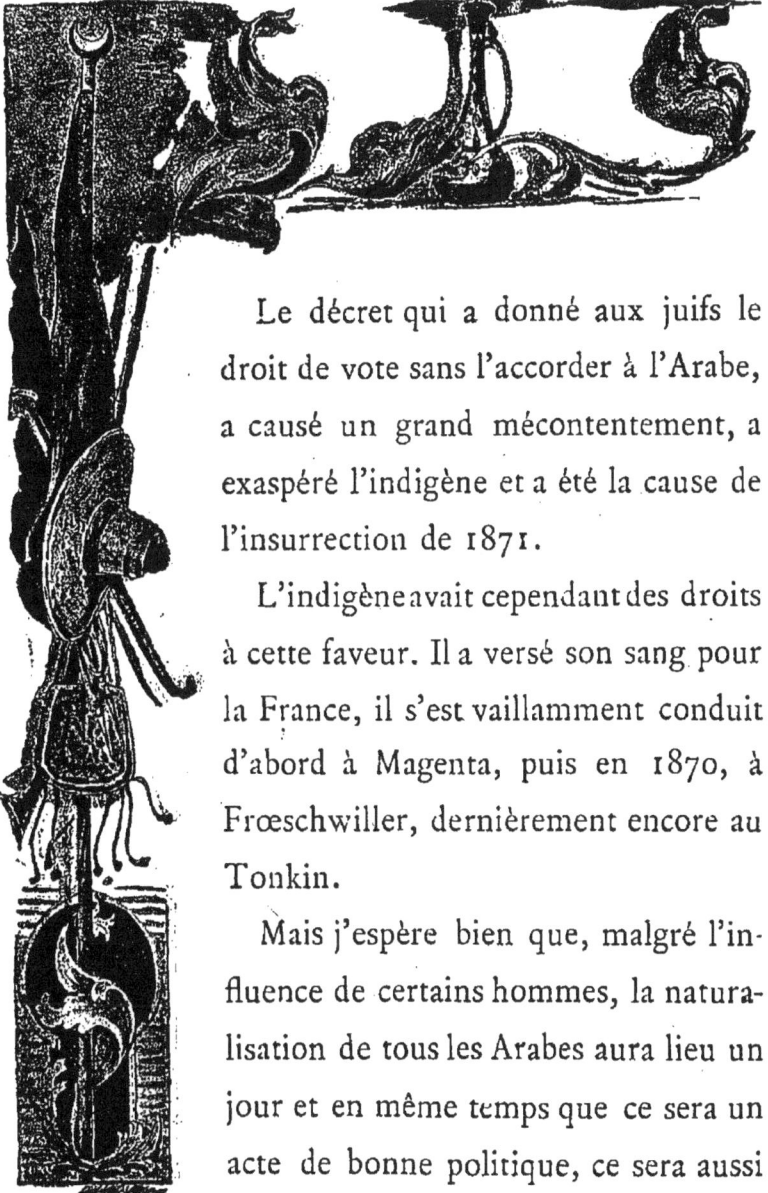

Le décret qui a donné aux juifs le droit de vote sans l'accorder à l'Arabe, a causé un grand mécontentement, a exaspéré l'indigène et a été la cause de l'insurrection de 1871.

L'indigène avait cependant des droits à cette faveur. Il a versé son sang pour la France, il s'est vaillamment conduit d'abord à Magenta, puis en 1870, à Frœschwiller, dernièrement encore au Tonkin.

Mais j'espère bien que, malgré l'influence de certains hommes, la naturalisation de tous les Arabes aura lieu un jour et en même temps que ce sera un acte de bonne politique, ce sera aussi

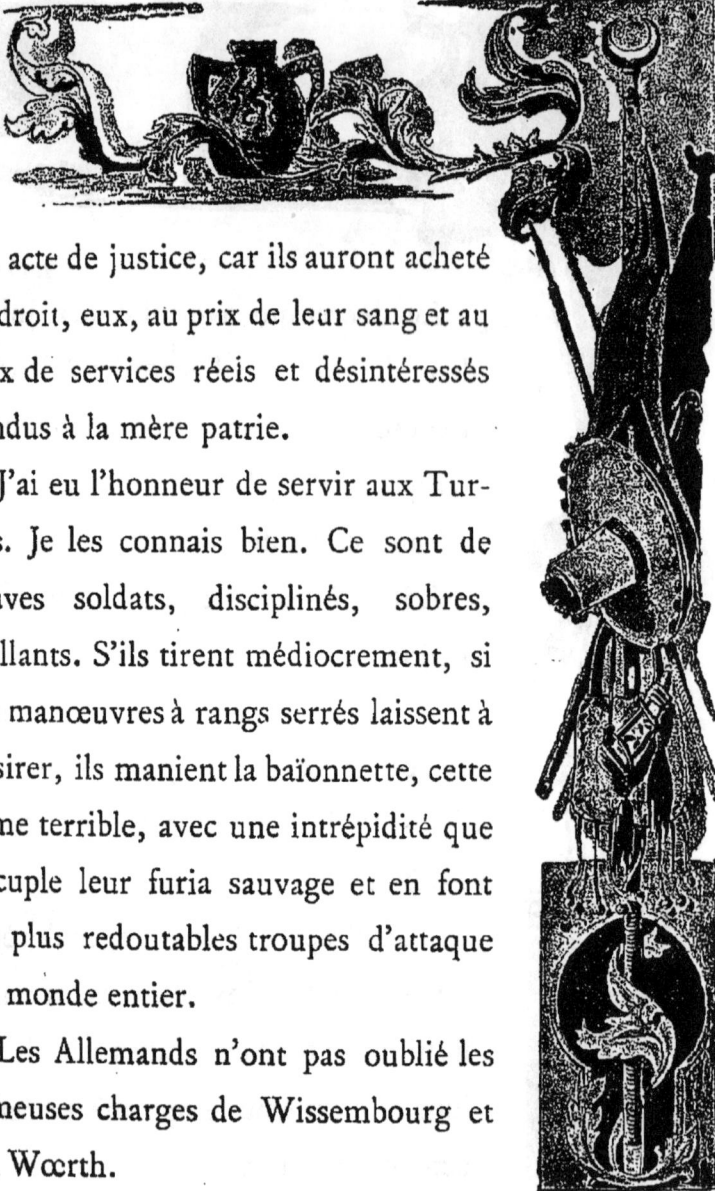

un acte de justice, car ils auront acheté
ce droit, eux, au prix de leur sang et au
prix de services réels et désintéressés
rendus à la mère patrie.

J'ai eu l'honneur de servir aux Turcos. Je les connais bien. Ce sont de
braves soldats, disciplinés, sobres,
vaillants. S'ils tirent médiocrement, si
les manœuvres à rangs serrés laissent à
désirer, ils manient la baïonnette, cette
arme terrible, avec une intrépidité que
décuple leur furia sauvage et en font
les plus redoutables troupes d'attaque
du monde entier.

Les Allemands n'ont pas oublié les
fameuses charges de Wissembourg et
de Wœrth.

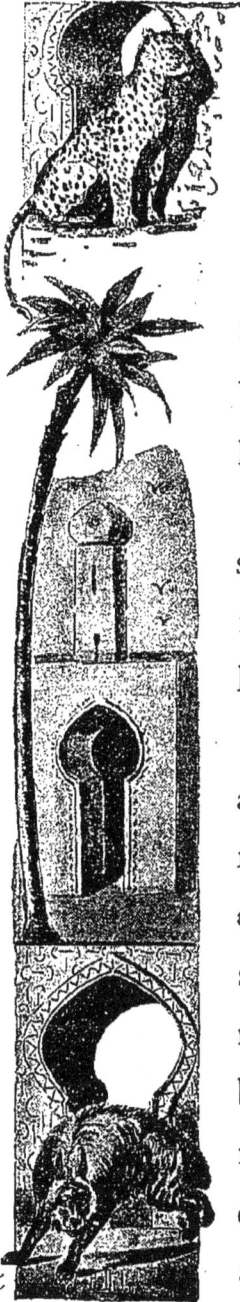

Étant au 1<sup>er</sup> tirailleurs, j'avais dans ma compagnie quelques débris de ces vaillants bataillons qui ont fait la campagne de 1870.

Un vieux sergent, nommé Belkhassem-ben-Brahim, se faisait particulièrement remarquer par sa haine contre les Allemands.

Il avait dans son sac un petit sachet auquel il tenait énormément et qu'il ne laissait voir à personne. Beaucoup de mes camarades avaient cherché à savoir ce qu'il contenait, mais aucun n'avait pu vaincre la résistance du brave sergent. Enfin, poussé par la curiosité et désireux aussi de savoir ce qu'il y avait de si précieux dans ce petit sachet, je fis venir un jour le sergent

Belkhassem–ben–Brahim dans mon bureau et, usant sur lui de l'influence
morale que j'avais su prendre sur
l'Arabe, je lui dis que je tenais à savoir
ce qu'il y avait dans ce petit sac.

Alors, eut lieu entre nous, une con-
versation en *sabir* (sorte de patois
franco-arabe), dont je vais essayer de
vous donner un compte rendu aussi
fidèle que possible.

— Qu'est-ce qui sait ? toi, chif, me
dit-il, moi bon soldat, moi makache
ly punitions. Toi, bono chif, toi fait ly
guerre à ly Prussiens, Enta-Tarat *(tu
en sais plus que moi)*, mais ça fy
rien, stena chouïa *(attends un peu)*.

— Rokel-beb *(ferme la porte)*.
Après avoir soigneusement fermé la
porte à clef il me dit :

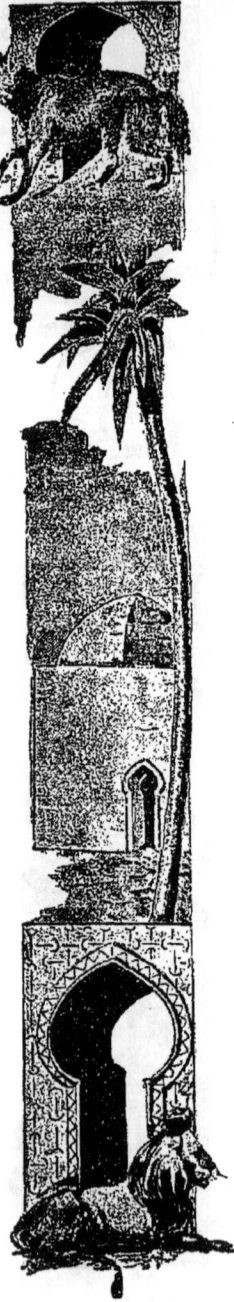

— Arroua menna chif, (*viens
près de moi, chef*), et me montrant
son épaule, il ajouta : « Chouf Katibet
Esch Chétan *(regarde tatouage,
signe diabolique*). Alors, je vis sur
son épaule, au-dessus du chiffre 4, un
casque prussien, assez bien dessiné,
ma foi.

Prenant une attitude très expressive
les deux poings fermés et roulant des
yeux comme seuls les Arabes savent
en rouler, il dit : « Oh ! chif, ly mé-
chants Prussiens, oh ! ly sauvages, moi
ly coupir la *kabèch* (tête). »

Et il ajouta : « Tu sais bien, moi
chargir à Frœschwiller avec le grand
génénare kébir (*le général en chef*),

moi tué *arba* sauvage (*4 sauvages*), coupir ly kabèch, coupir ly oureilles, chout (*regarde*) et il me fit voir les 8 oreilles desséchées, conservées par lui et soigneusement enveloppées dans le fameux petit sachet.

Pour lui, ce trésor n'avait pas de prix.

Quel appoint pour notre vaillante armée nationale, que ces braves Bédouins. Et dire qu'au lieu de 6 ou 8,000 tirailleurs, nous pourrions en avoir au moins 50,000. Quelle force de plus pour le grand jour de la revanche !

Ce serait d'ailleurs autant d'éléments d'insurrection enlevés à nos ennemis,

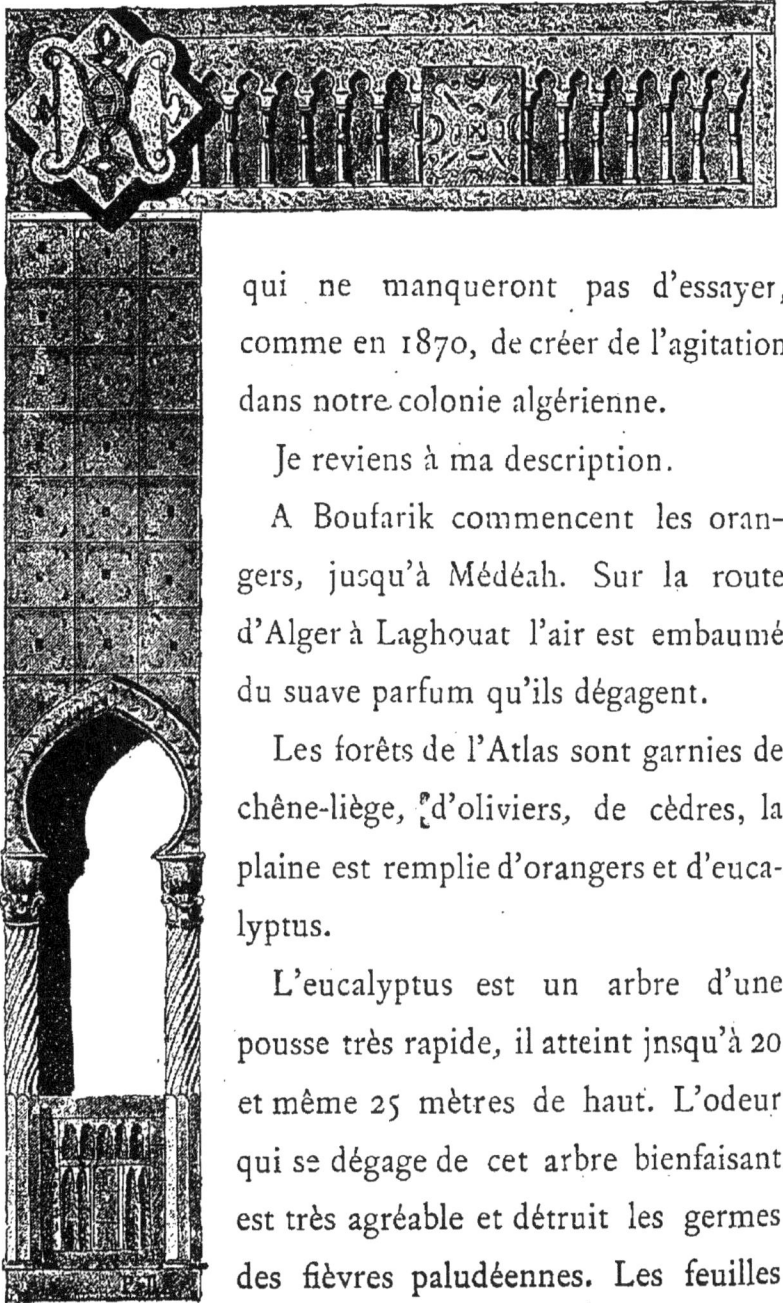

qui ne manqueront pas d'essayer, comme en 1870, de créer de l'agitation dans notre colonie algérienne.

Je reviens à ma description.

A Boufarik commencent les orangers, jusqu'à Médéah. Sur la route d'Alger à Laghouat l'air est embaumé du suave parfum qu'ils dégagent.

Les forêts de l'Atlas sont garnies de chêne-liège, [d'oliviers, de cèdres, la plaine est remplie d'orangers et d'eucalyptus.

L'eucalyptus est un arbre d'une pousse très rapide, il atteint jnsqu'à 20 et même 25 mètres de haut. L'odeur qui se dégage de cet arbre bienfaisant est très agréable et détruit les germes des fièvres paludéennes. Les feuilles

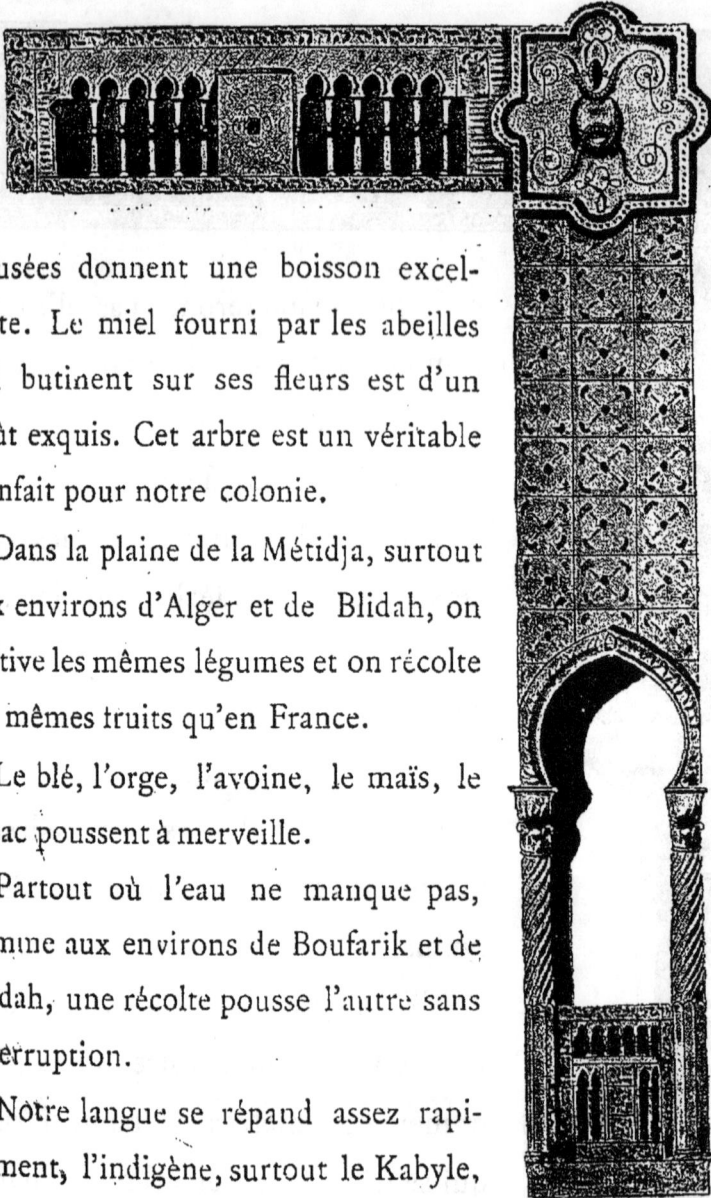

infusées donnent une boisson excellente. Le miel fourni par les abeilles qui butinent sur ses fleurs est d'un goût exquis. Cet arbre est un véritable bienfait pour notre colonie.

Dans la plaine de la Métidja, surtout aux environs d'Alger et de Blidah, on cultive les mêmes légumes et on récolte les mêmes fruits qu'en France.

Le blé, l'orge, l'avoine, le maïs, le tabac poussent à merveille.

Partout où l'eau ne manque pas, comme aux environs de Boufarik et de Blidah, une récolte pousse l'autre sans interruption.

Notre langue se répand assez rapidement, l'indigène, surtout le Kabyle,

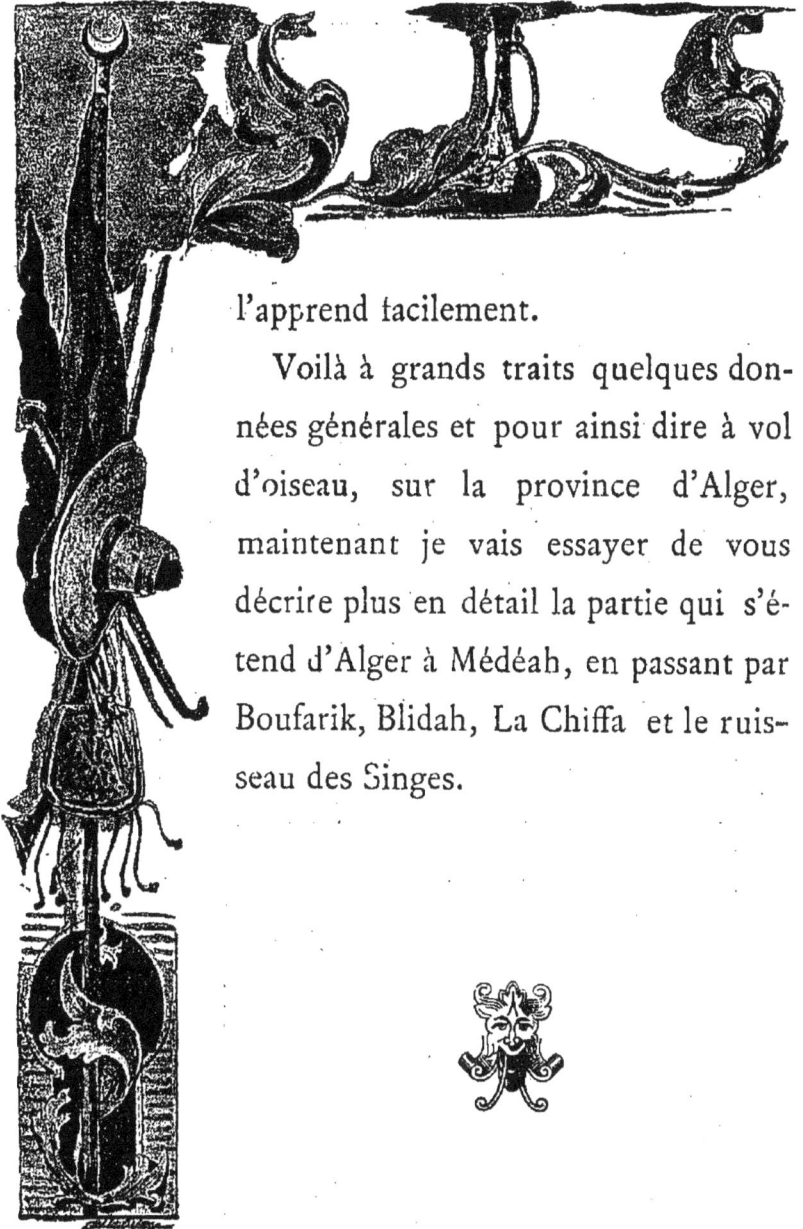

l'apprend facilement.

Voilà à grands traits quelques données générales et pour ainsi dire à vol
d'oiseau, sur la province d'Alger,
maintenant je vais essayer de vous
décrire plus en détail la partie qui s'é-
tend d'Alger à Médéah, en passant par
Boufarik, Blidah, La Chiffa et le ruisseau des Singes.

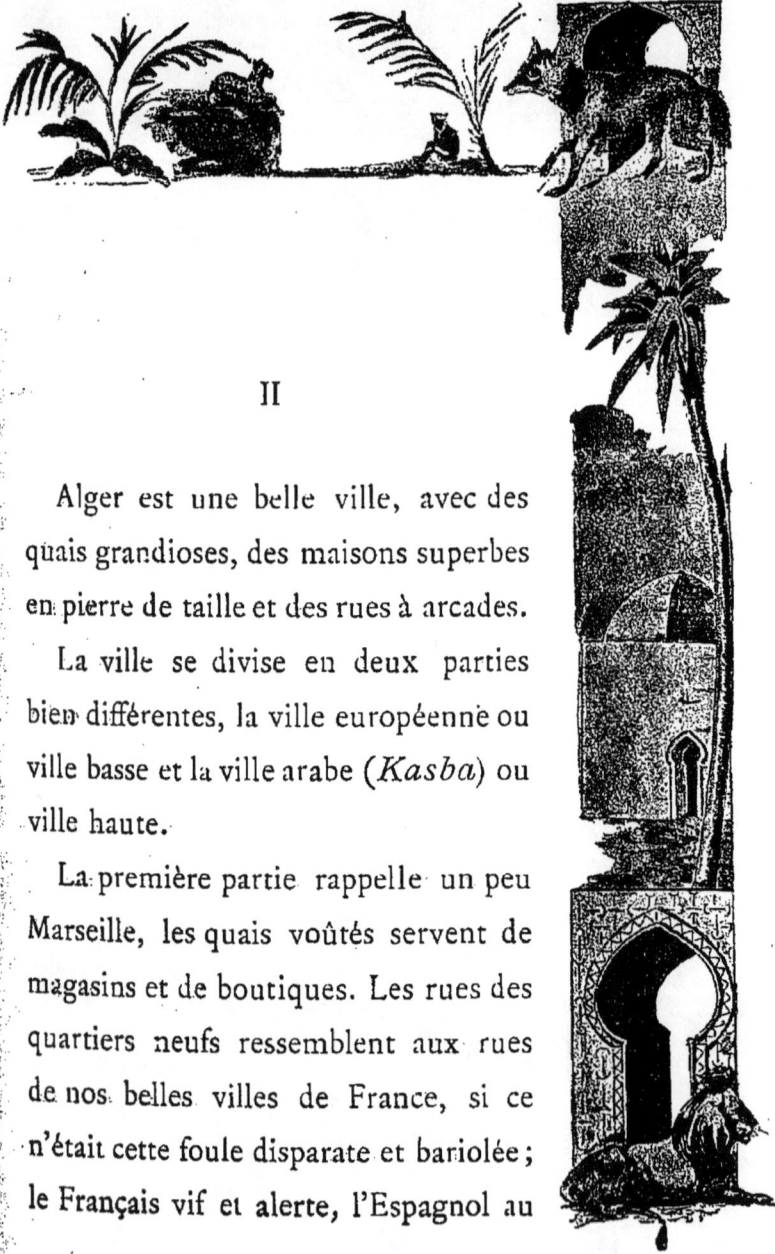

## II

Alger est une belle ville, avec des quais grandioses, des maisons superbes en pierre de taille et des rues à arcades.

La ville se divise en deux parties bien différentes, la ville européenne ou ville basse et la ville arabe (*Kasba*) ou ville haute.

La première partie rappelle un peu Marseille, les quais voûtés servent de magasins et de boutiques. Les rues des quartiers neufs ressemblent aux rues de nos belles villes de France, si ce n'était cette foule disparate et bariolée ; le Français vif et alerte, l'Espagnol au

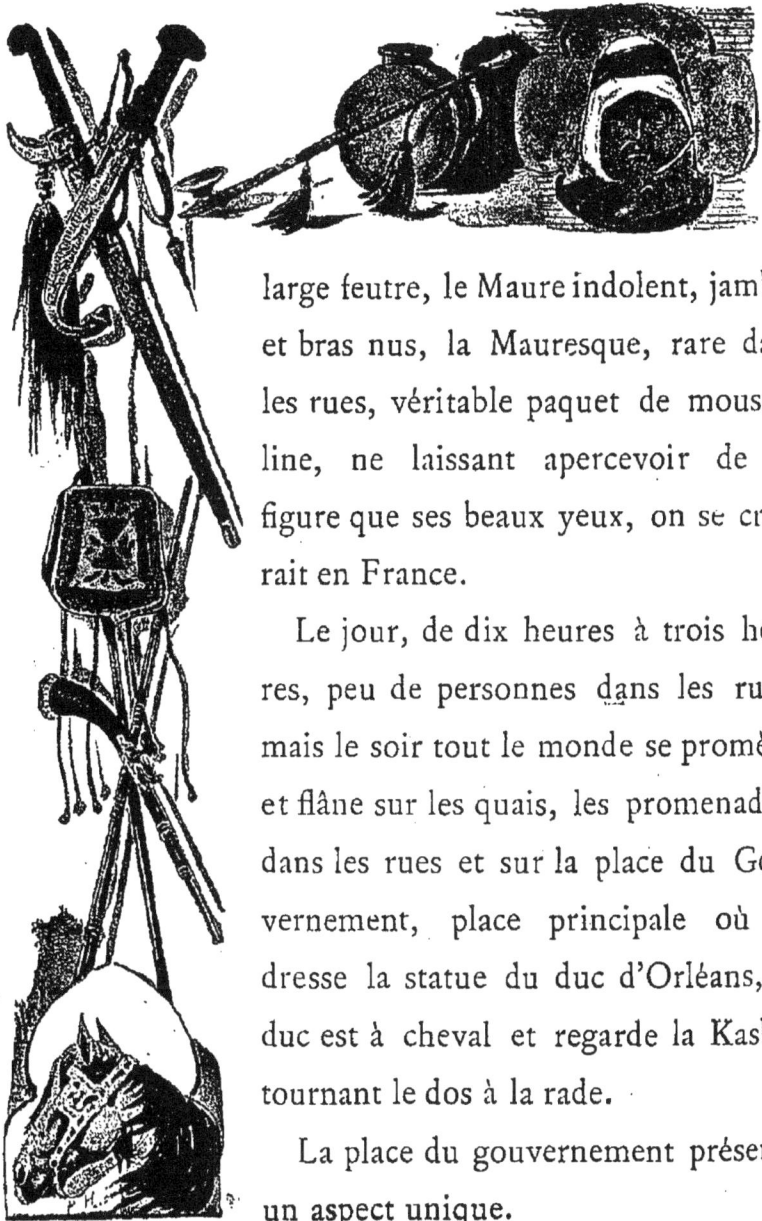

large feutre, le Maure indolent, jambes
et bras nus, la Mauresque, rare dans
les rues, véritable paquet de mousse-
line, ne laissant apercevoir de sa
figure que ses beaux yeux, on se croi-
rait en France.

Le jour, de dix heures à trois heures, peu de personnes dans les rues,
mais le soir tout le monde se promène
et flâne sur les quais, les promenades,
dans les rues et sur la place du Gouvernement, place principale où se
dresse la statue du duc d'Orléans, le
duc est à cheval et regarde la Kasba,
tournant le dos à la rade.

La place du gouvernement présente
un aspect unique.

D'un côté s'étendent entre la place
de la République (anciennement prome-
nade des Anglais) qui longe les quais
au-dessus des voûtes et la rue Bab-
Azoun, des arcades sous lesquelles se
trouvent de beaux magasins et le café
de la Bourse fréquenté par les gens
d'affaires et les financiers.

Au bout de la place, la station des
tramways, le bureau des messsageries,
point central d'où s'ébranlent les cour-
riers et les malles-poste. A côté le
bureau des Postes et Télégraphes, la
succursale du Crédit Lyonnais, puis
des magasins, des bazars et des tavernes.

Vers la gauche, l'hôtel de la Régence,

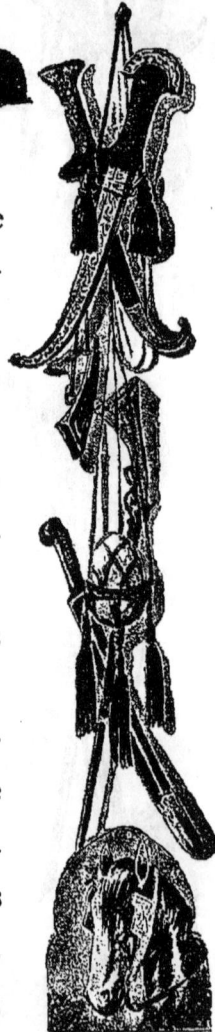

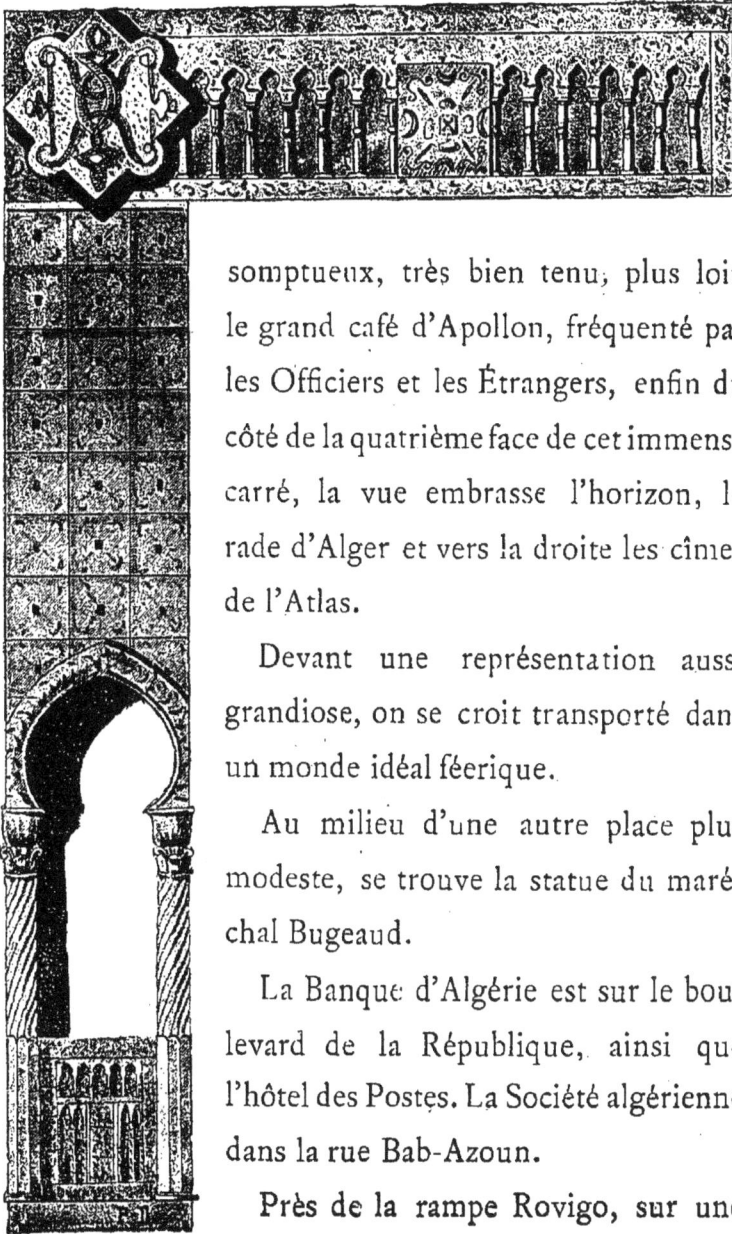

somptueux, très bien tenu, plus loin
le grand café d'Apollon, fréquenté par
les Officiers et les Étrangers, enfin du
côté de la quatrième face de cet immense
carré, la vue embrasse l'horizon, la
rade d'Alger et vers la droite les cîmes
de l'Atlas.

Devant une représentation aussi
grandiose, on se croit transporté dans
un monde idéal féerique.

Au milieu d'une autre place plus
modeste, se trouve la statue du maré-
chal Bugeaud.

La Banque d'Algérie est sur le boulevard de la République, ainsi que
l'hôtel des Postes. La Société algérienne
dans la rue Bab-Azoun.

Près de la rampe Rovigo, sur une

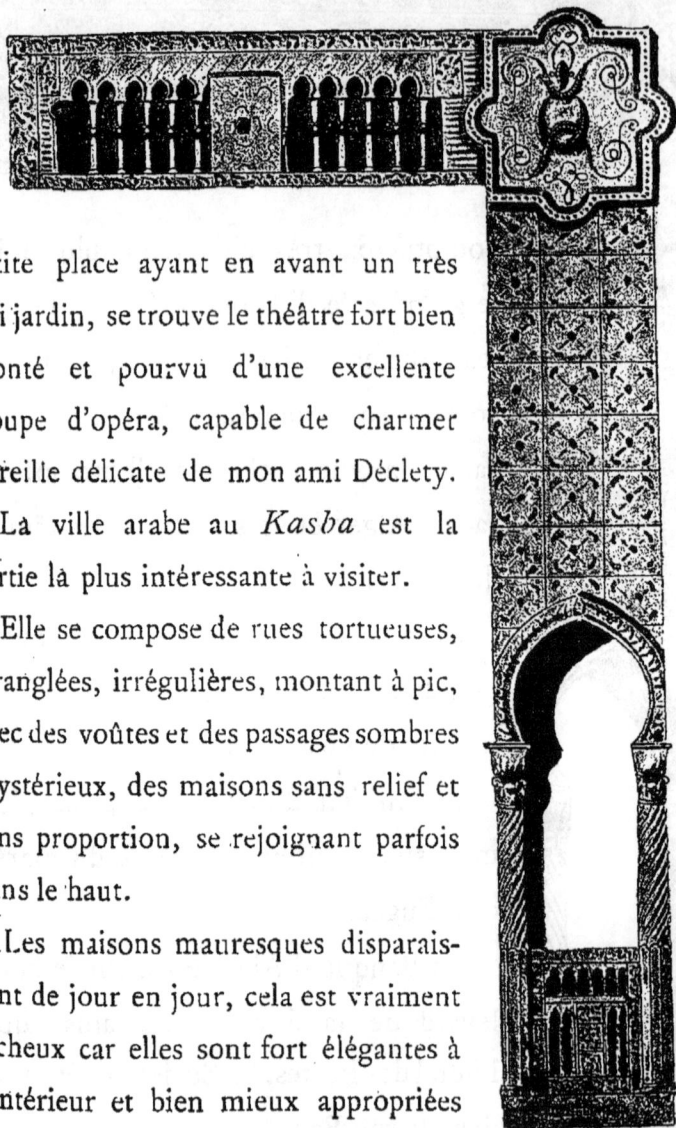

petite place ayant en avant un très
joli jardin, se trouve le théâtre fort bien
monté et pourvu d'une excellente
troupe d'opéra, capable de charmer
l'oreille délicate de mon ami Déclety.

La ville arabe au *Kasba* est la
partie la plus intéressante à visiter.

Elle se compose de rues tortueuses,
étranglées, irrégulières, montant à pic,
avec des voûtes et des passages sombres
mystérieux, des maisons sans relief et
sans proportion, se rejoignant parfois
dans le haut.

Les maisons mauresques disparais-
sent de jour en jour, cela est vraiment
fâcheux car elles sont fort élégantes à
l'intérieur et bien mieux appropriées

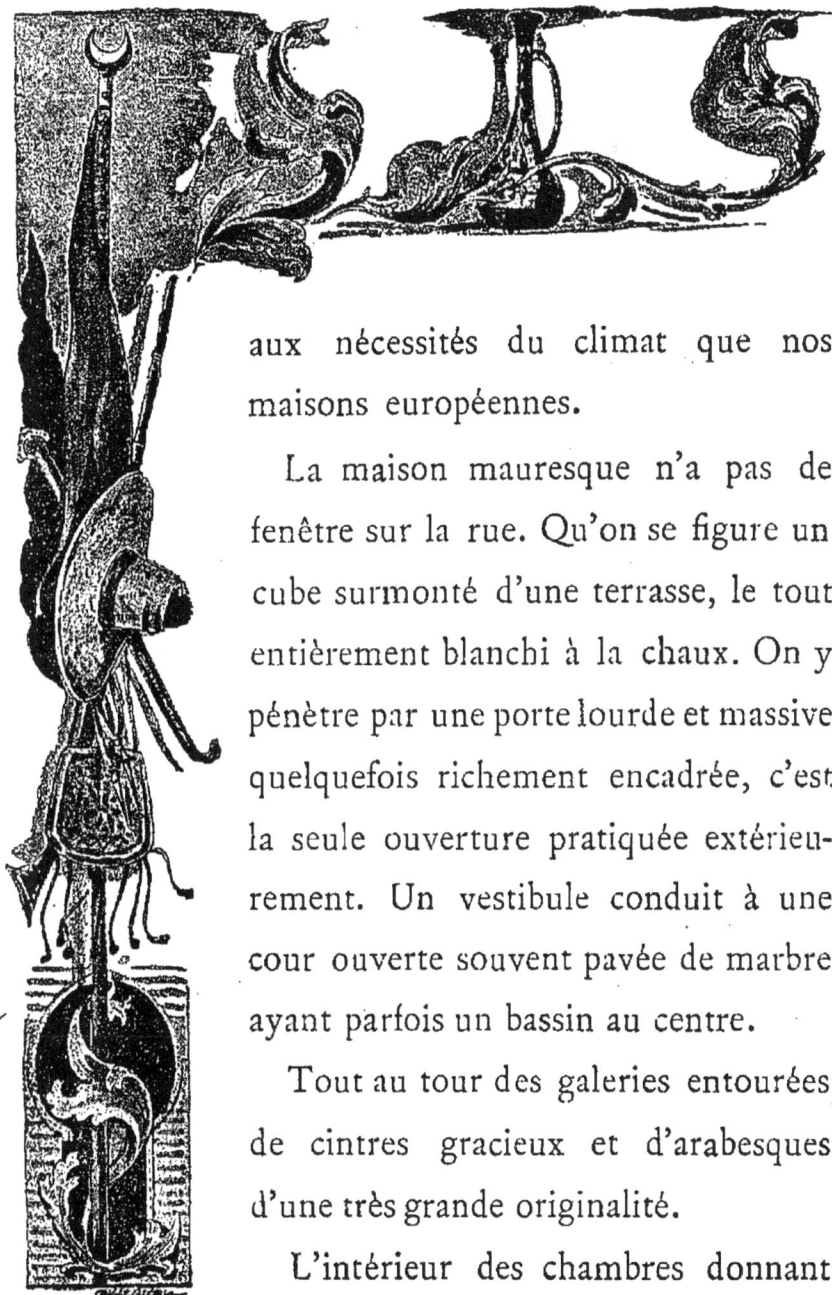

aux nécessités du climat que nos maisons européennes.

La maison mauresque n'a pas de fenêtre sur la rue. Qu'on se figure un cube surmonté d'une terrasse, le tout entièrement blanchi à la chaux. On y pénètre par une porte lourde et massive quelquefois richement encadrée, c'est la seule ouverture pratiquée extérieurement. Un vestibule conduit à une cour ouverte souvent pavée de marbre ayant parfois un bassin au centre.

Tout au tour des galeries entourées de cintres gracieux et d'arabesques d'une très grande originalité.

L'intérieur des chambres donnant

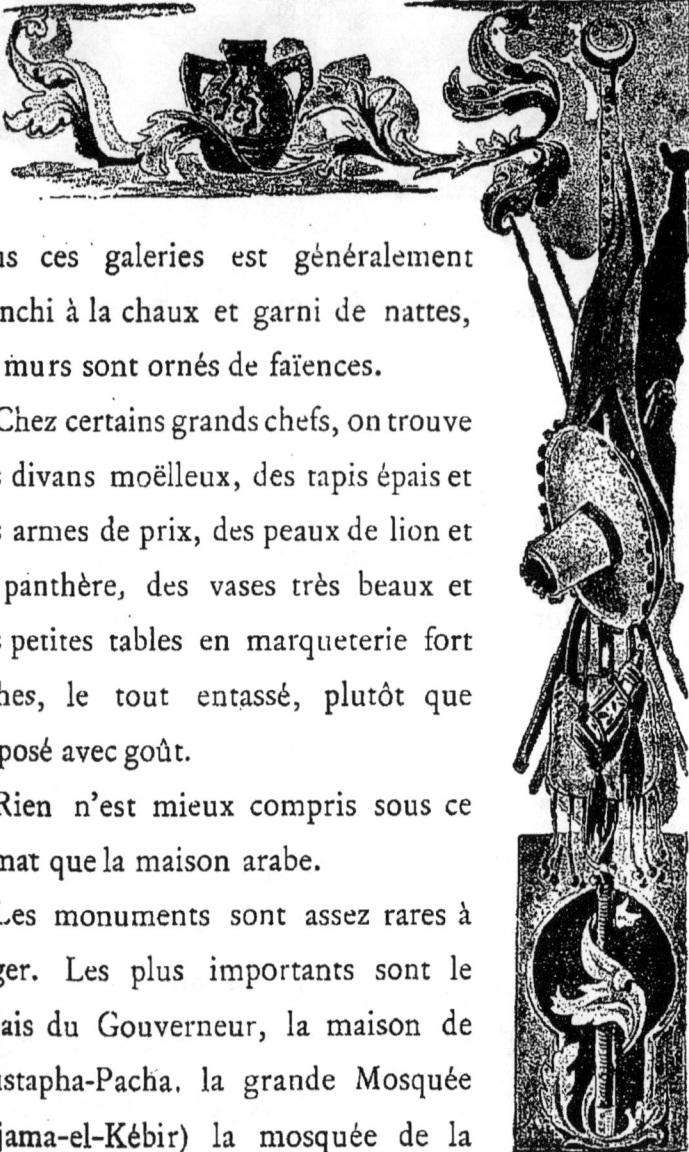

sous ces galeries est généralement
blanchi à la chaux et garni de nattes,
les murs sont ornés de faïences.

Chez certains grands chefs, on trouve
des divans moëlleux, des tapis épais et
des armes de prix, des peaux de lion et
de panthère, des vases très beaux et
des petites tables en marqueterie fort
riches, le tout entassé, plutôt que
disposé avec goût.

Rien n'est mieux compris sous ce
climat que la maison arabe.

Les monuments sont assez rares à
Alger. Les plus importants sont le
Palais du Gouverneur, la maison de
Mustapha-Pacha, la grande Mosquée
(Djama-el-Kébir) la mosquée de la

Pêcherie et le marabout de Sidi-Abder-
haman.

Les cafés européens sont très con-
fortables, bien tenus ; on y trouve nos
boissons habituelles, on y joue les
mêmes jeux. Je me souviens y avoir
vu jouer souvent aux dominos, ce jeu
cher à mes excellents amis Lachnitt,
Oger, Donot et Fournier.

Les Cafés Maures méritent une
description plus longue.

Imaginez-vous une salle sombre
généralement carrée avec des bancs et
des nattes tout autour, sur un des
côtés, un fourneau en faïence adhérent
au mur.

Le *Kaouadji* (cafetier) vous sert
une petite tasse remplie d'un café

épais, mais très bon. (Le grain est simplement écrasé, mélangé à l'eau bouillante et servi tel que). Cela coûte *Ouaad-Sordi* (Un sou).

Les Arabes sont assis sur les nattes à la façon orientale, leurs chaussures déposées sur le sol, ils fument en prenant leur *Kaoua* (café) à petites gorgées.

Dans beaucoup de cafés Maures, parmi les habitués, il y a souvent des musiciens, des poëtes qui organisent de véritables concerts très curieux.

Un Arabe joue de la *Kouitra* (sorte de guitare) ou du *Kamendja* (violon à une corde). Un autre du *Tar* (tambour). Un troisième récite une sorte de mélopée traînante dite avec

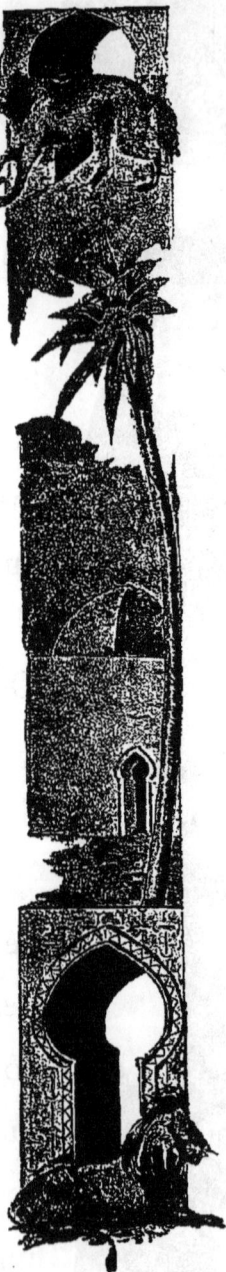

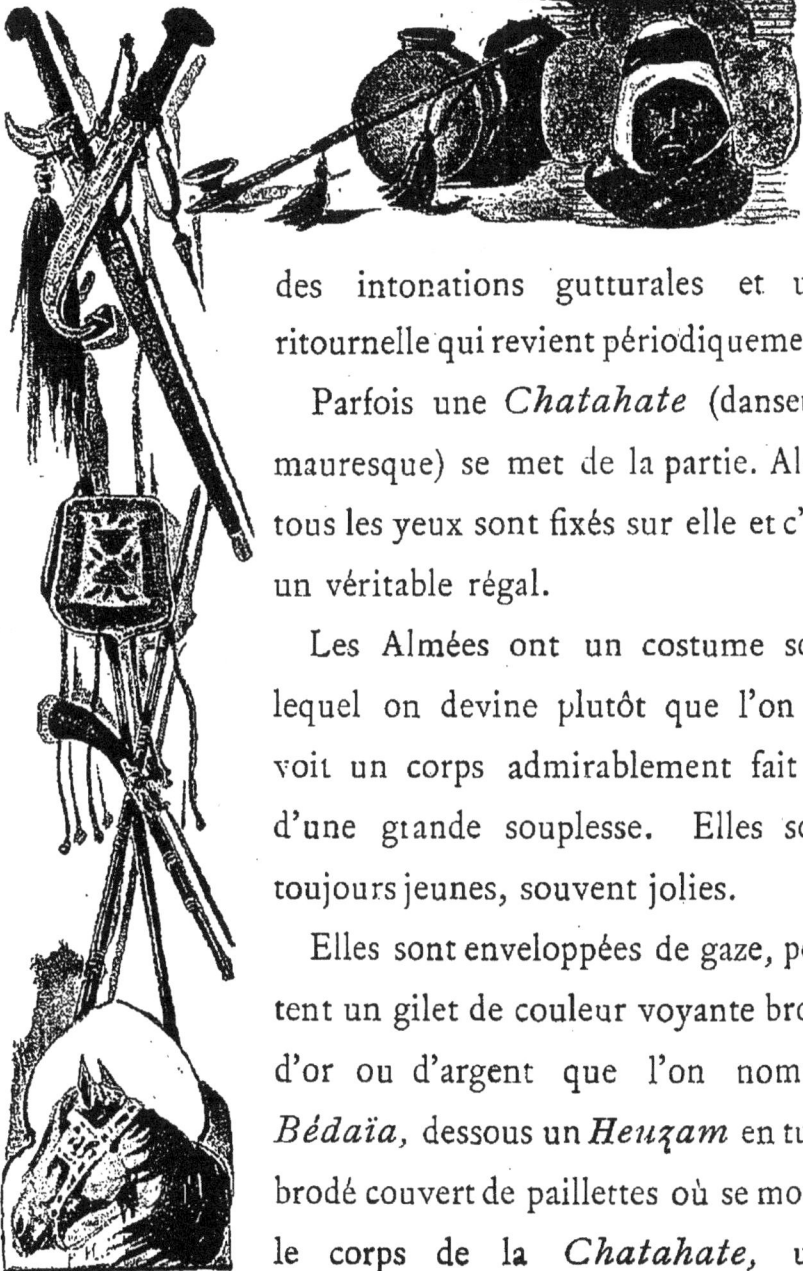

des intonations gutturales et une ritournelle qui revient périodiquement.

Parfois une *Chatahate* (danseuse mauresque) se met de la partie. Alors tous les yeux sont fixés sur elle et c'est un véritable régal.

Les Almées ont un costume sous lequel on devine plutôt que l'on ne voit un corps admirablement fait et d'une grande souplesse. Elles sont toujours jeunes, souvent jolies.

Elles sont enveloppées de gaze, portent un gilet de couleur voyante brodé d'or ou d'argent que l'on nomme *Bédaïa,* dessous un *Heuẕam* en tulle brodé couvert de paillettes où se moule le corps de la *Chatahate,* une

élégante ceinture avec de longues franges sert à retenir une culotte bouffante aux mille plis, nommée *Sérouel* les pieds teints de henné jusqu'à la cheville sont renfermés dans d'élégantes chaussures chamarrées que l'on nomme *Babouches*.

Les *Chatahates* commencent leur danse par des déhanchements lascifs, des oscillations et des tressaillements libidineux de l'abdomen.

Les bras gracieusement placés font ressortir leur rondeur, elles envoient des baisers à des amoureux invisibles, jettent des fleurs à des êtres imaginaires, tournent sur elles-mêmes,

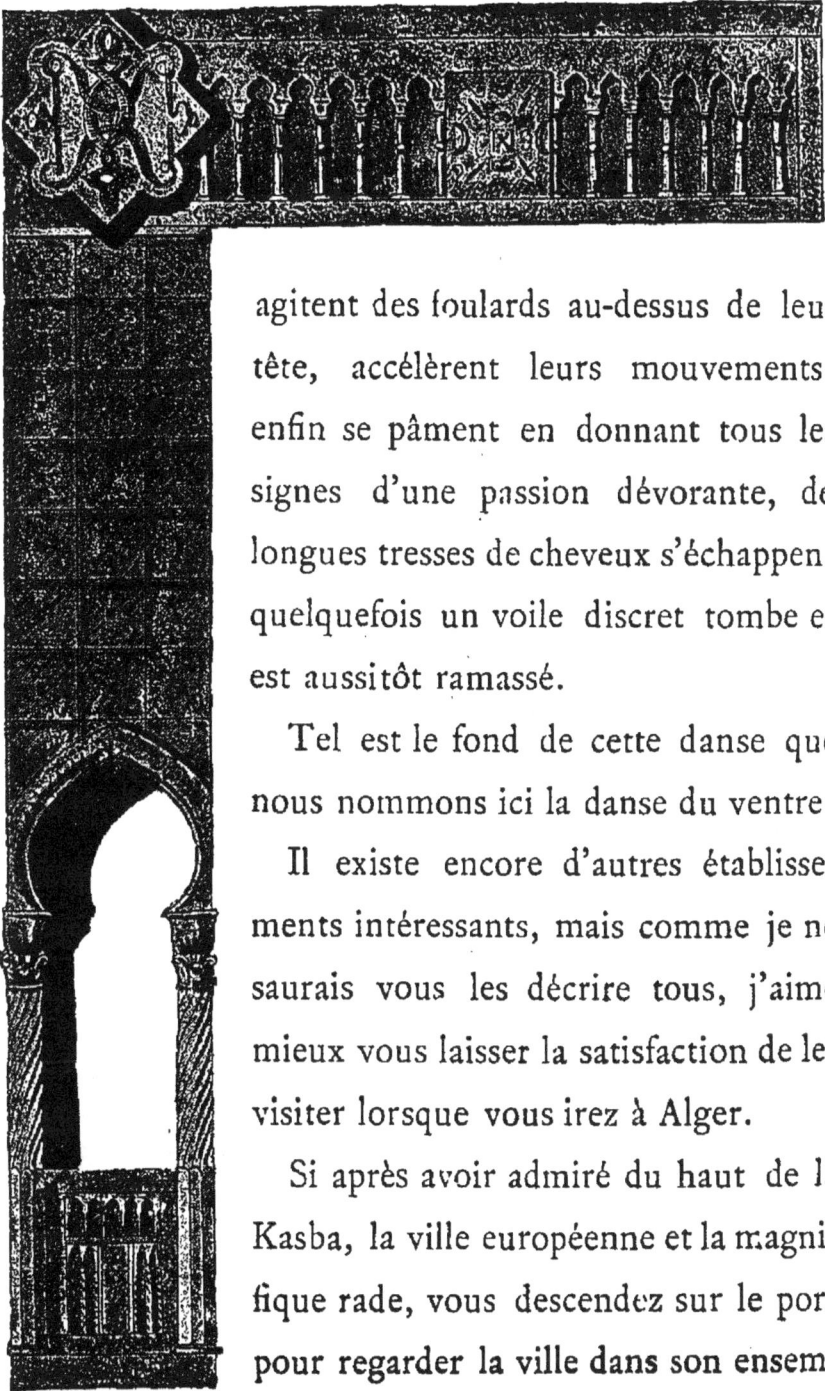

agitent des foulards au-dessus de leur tête, accélèrent leurs mouvements, enfin se pâment en donnant tous les signes d'une passion dévorante, de longues tresses de cheveux s'échappent quelquefois un voile discret tombe et est aussitôt ramassé.

Tel est le fond de cette danse que nous nommons ici la danse du ventre.

Il existe encore d'autres établissements intéressants, mais comme je ne saurais vous les décrire tous, j'aime mieux vous laisser la satisfaction de les visiter lorsque vous irez à Alger.

Si après avoir admiré du haut de la Kasba, la ville européenne et la magnifique rade, vous descendez sur le port pour regarder la ville dans son ensem-

ble, le coup d'œil est admirable.

La ville placée en amphithéâtre présente avec ses maisons et ses monuments tous blancs un aspect vraiment splendide.

Un de nos grands poëtes parlant d'Alger et voulant par une comparaison expliquer la beauté du panorama écrivit ces deux lignes charmantes.

Cygne au pied de l'Atlas arrêté
Qui secoue au soleil son plumage argenté

En réalité, ce beau panorama terminé à l'horizon par les hauteurs de l'Atlas et inondée par la lumière crue du soleil africain, est un des plus merveilleux spectacles que l'on puisse contempler.

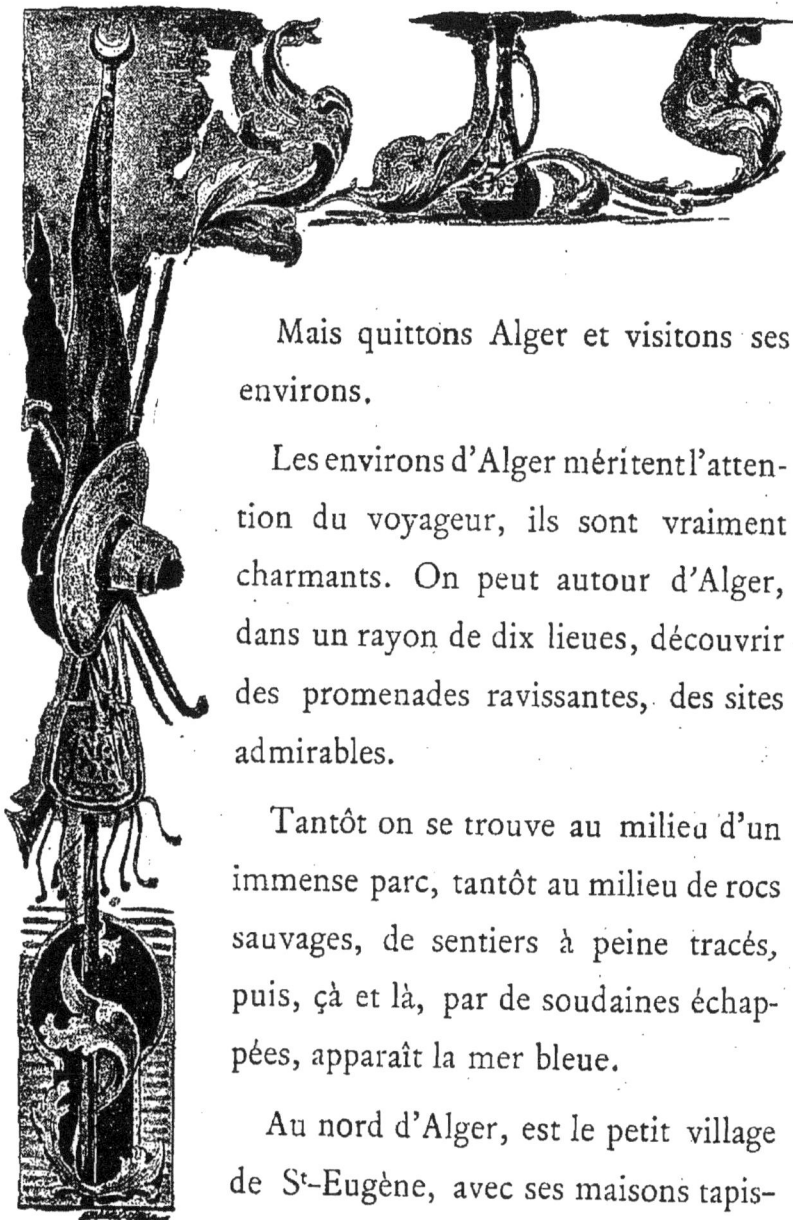

Mais quittons Alger et visitons ses environs.

Les environs d'Alger méritent l'attention du voyageur, ils sont vraiment charmants. On peut autour d'Alger, dans un rayon de dix lieues, découvrir des promenades ravissantes, des sites admirables.

Tantôt on se trouve au milieu d'un immense parc, tantôt au milieu de rocs sauvages, de sentiers à peine tracés, puis, çà et là, par de soudaines échappées, apparaît la mer bleue.

Au nord d'Alger, est le petit village de S$^t$-Eugène, avec ses maisons tapis-

sées de fleurs, puis la pointe Pescade avec ses rocs à pic.

A l'ouest, le séminaire et le sanctuaire de Notre Dame d'Afrique, avec son dôme à colonnades, plus loin, le fort de l'Empereur.

Au sud, Mustapha supérieur, couronné par le magnifique palais du Gouverneur ; au dessous Mustapha inférieur, le ravin des femmes sauvages, le jardin d'essai, où se trouve tout ce que l'Afrique produit ou peut produire. Ce jardin admirablement tracé et bien tenu, est une des merveilles à visiter.

La ligne d'Alger à Oran traverse la belle et fertile plaine de la Metidja. Hussen-Dey, Maison-Carrée, Boufarik,

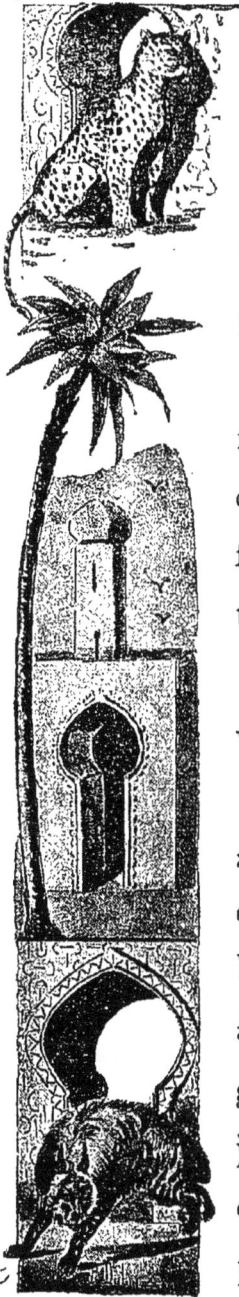

Blidah sont les stations les plus importantes.

Boufarik placé au milieu d'un ancien
marais aujourd'hui desséché est un
centre agricole très important. Il s'y
fait un très grand commerce de bes-
tiaux.

Le marché se tient le lundi, le mouvement commence la veille.

Dès le dimanche, les routes qui
aboutissent à Boufarik s'encombrent
de voitures, de charrettes, de corricolos
bizarres, de gens à cheval, à mulet et
à bourriquot qui se dirigent vers ce
grand centre du mercantilisme où le
juif censure le malheureux colon et
exploite d'une façon scandaleuse le
pauvre vendeur nécessiteux.

Tout ce personnel arrivé la veille au soir, campe sur la place et on voit tous ces dormeurs enveloppés des pieds à la tête, présentant l'aspect de paquets bizarrement enchevêtrés, vous pouvez impunément fouler aux pieds ces ballots humains, à peine si un grognement vous avertira que vous marchez sur un être vivant.

Le lendemain dès la première heure tout ce monde prend sa place, tous s'installent, déballent ; le mouvement se produit, on discute, on dispute, on s'injurie même, on parle toutes les langues, c'est un tohu bohu indescriptible, de temps à autre passe un *schaouch* (agent de police indigène) qui ne dit rien, et le juif continue son *petit gommerce*.

44

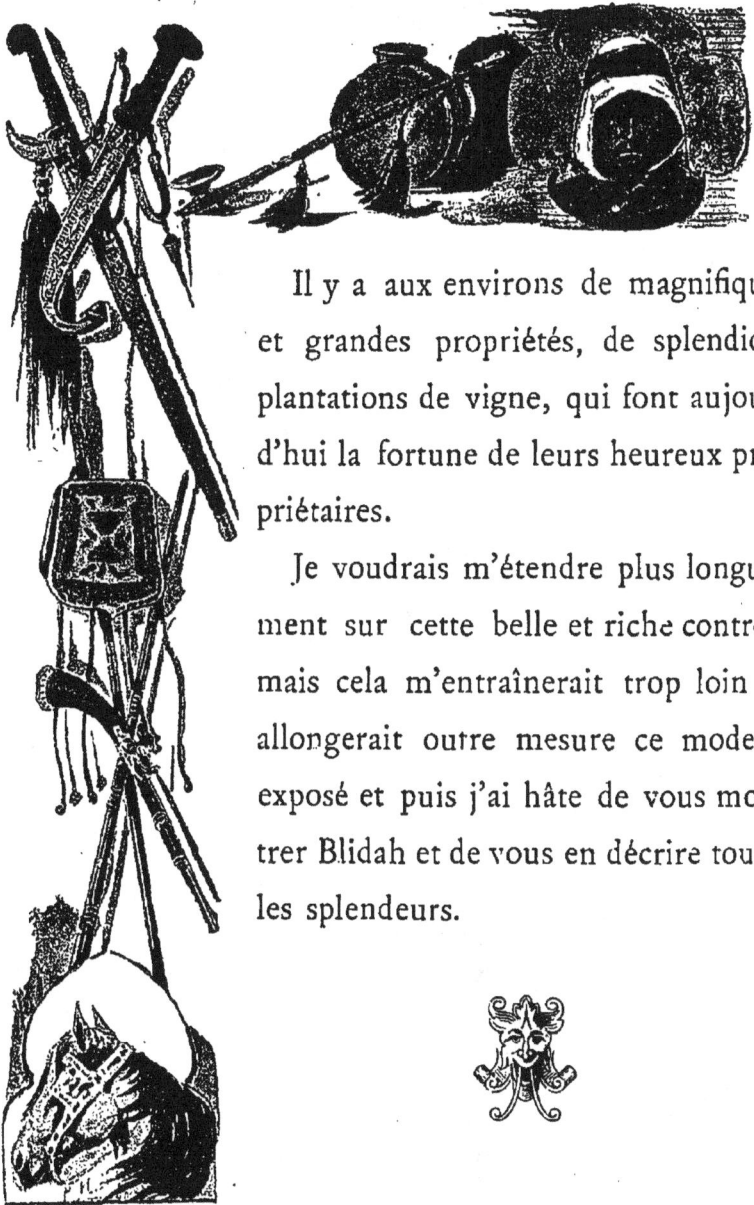

Il y a aux environs de magnifiques et grandes propriétés, de splendides plantations de vigne, qui font aujourd'hui la fortune de leurs heureux propriétaires.

Je voudrais m'étendre plus longuement sur cette belle et riche contrée, mais cela m'entraînerait trop loin et allongerait outre mesure ce modeste exposé et puis j'ai hâte de vous montrer Blidah et de vous en décrire toutes les splendeurs.

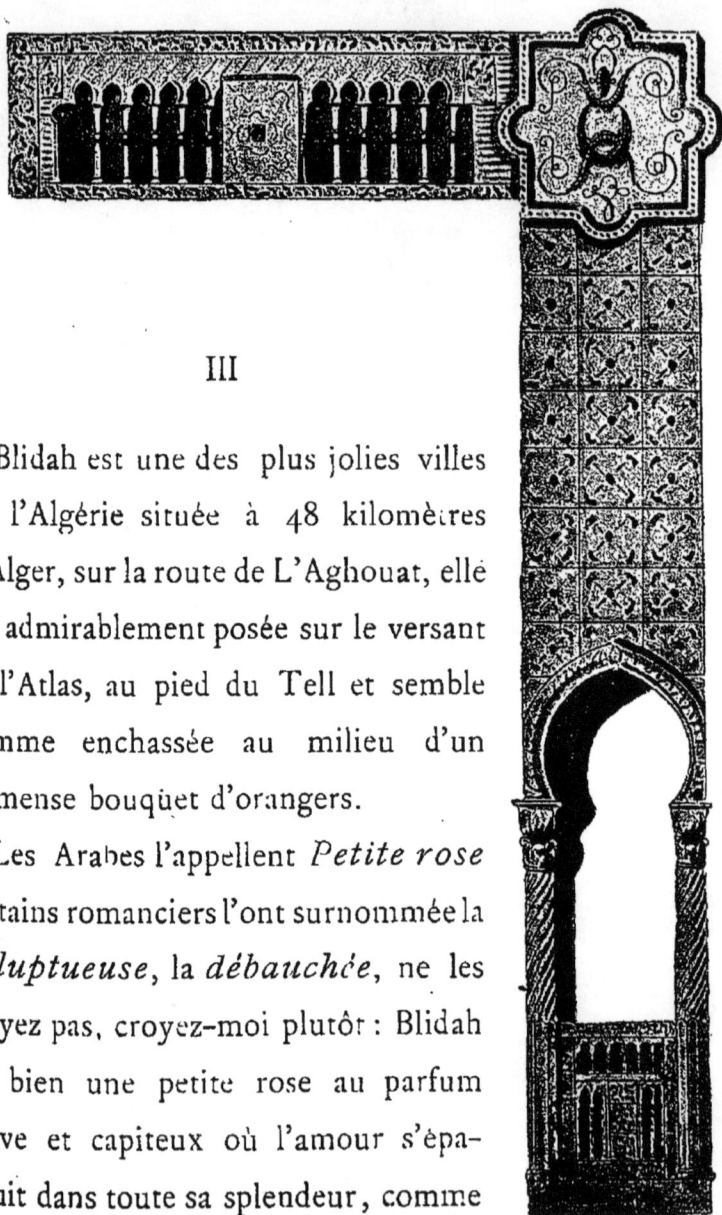

## III

Blidah est une des plus jolies villes de l'Algérie située à 48 kilomètres d'Alger, sur la route de L'Aghouat, elle est admirablement posée sur le versant de l'Atlas, au pied du Tell et semble comme enchassée au milieu d'un immense bouquet d'orangers.

Les Arabes l'appellent *Petite rose* certains romanciers l'ont surnommée la *voluptueuse*, la *débauchée*, ne les croyez pas, croyez-moi plutôt : Blidah est bien une petite rose au parfum suave et capiteux où l'amour s'épanouit dans toute sa splendeur, comme

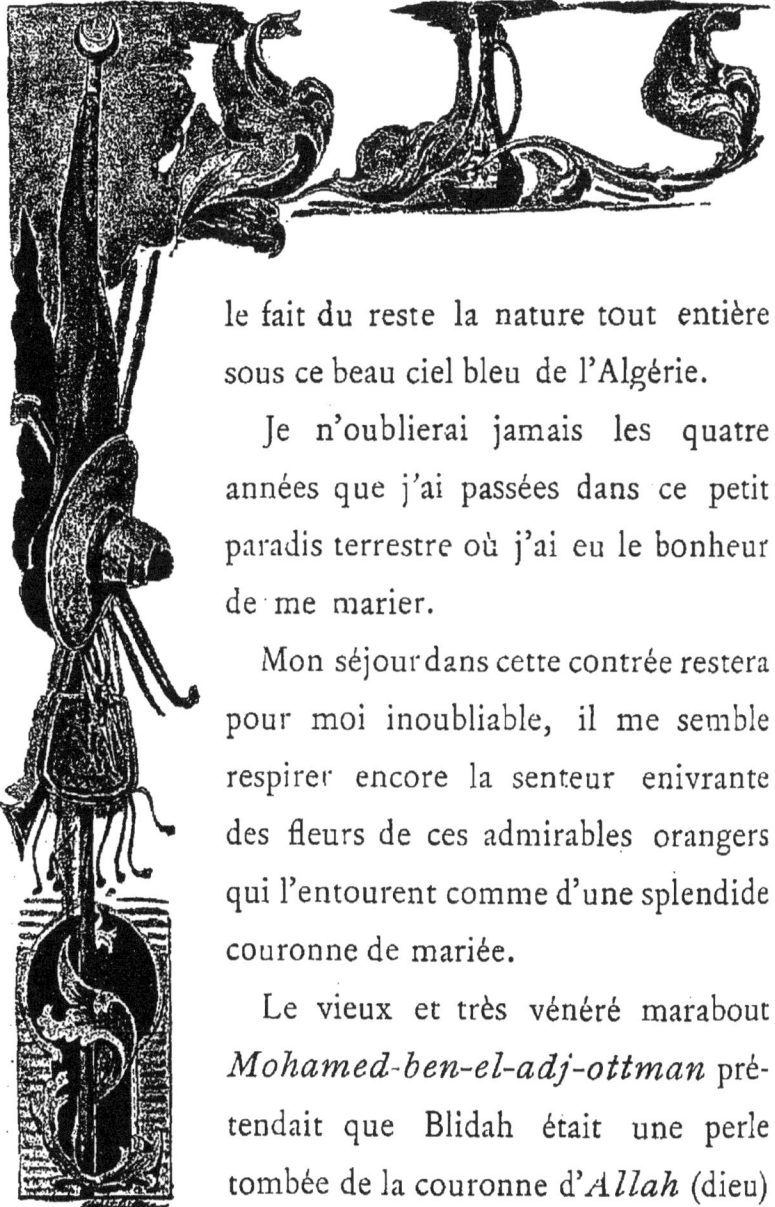

le fait du reste la nature tout entière sous ce beau ciel bleu de l'Algérie.

Je n'oublierai jamais les quatre années que j'ai passées dans ce petit paradis terrestre où j'ai eu le bonheur de me marier.

Mon séjour dans cette contrée restera pour moi inoubliable, il me semble respirer encore la senteur enivrante des fleurs de ces admirables orangers qui l'entourent comme d'une splendide couronne de mariée.

Le vieux et très vénéré marabout *Mohamed-ben-el-adj-ottman* prétendait que Blidah était une perle tombée de la couronne d'*Allah* (dieu)

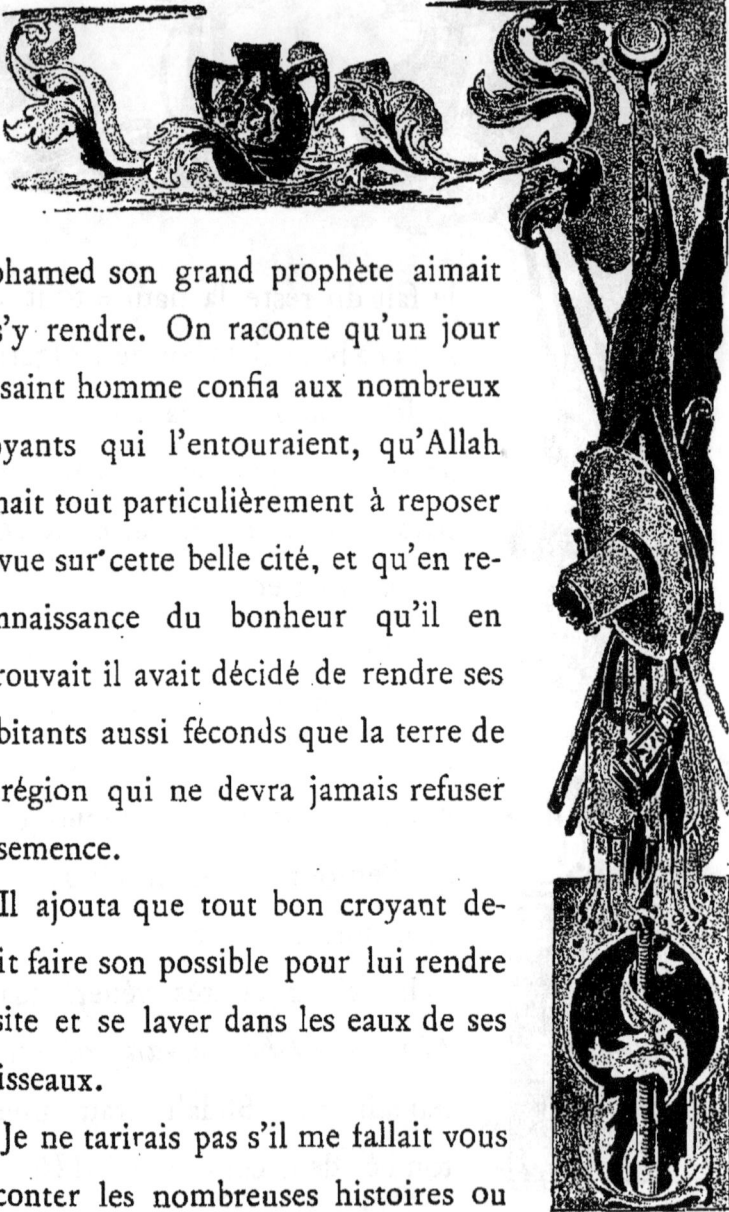

Mohamed son grand prophète aimait
à s'y rendre. On raconte qu'un jour
ce saint homme confia aux nombreux
croyants qui l'entouraient, qu'Allah
aimait tout particulièrement à reposer
sa vue sur cette belle cité, et qu'en re-
connaissance du bonheur qu'il en
éprouvait il avait décidé de rendre ses
habitants aussi féconds que la terre de
la région qui ne devra jamais refuser
la semence.

Il ajouta que tout bon croyant devait faire son possible pour lui rendre
visite et se laver dans les eaux de ses
ruisseaux.

Je ne tarirais pas s'il me fallait vous
raconter les nombreuses histoires ou

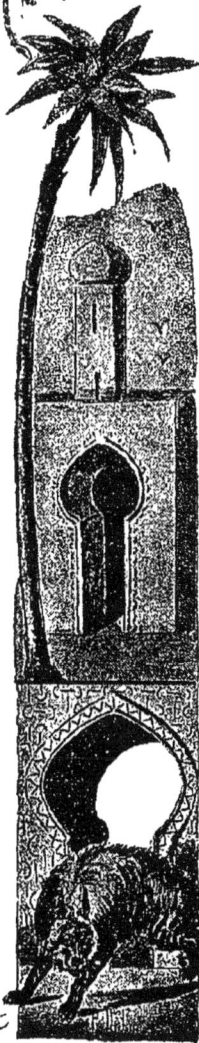

légendes que je connais sur cette ville
que les Turcs avaient surnommée la
Vierge de l'Atlas.

Je vais vous en dire quelques-unes
seulement. Elles serviront à vous
montrer le véritable caractère et l'esprit de l'arabe.

Un soir, (c'était le 28 septembre
1877), veille d'un beau jour pour moi,
je me promenais sur les bords de
l'Oued-el-Kébir, le vent frais du soir
faisait courir sur le chemin les feuilles
tombées ; celles de l'eucalyptus reco-
quillées, argentées d'un côté et dorées
de l'autre ; celles de l'oranger vertes et
plus larges. Une vapeur légère montait
de la rivière et les étoiles en y jetant
leur image semblaient y laisser tomber

en goutelettes une pluie de sequins
d'or. Je marchais rêvant à mon bonheur futur, lorsque je fis la rencontre
de mon vieil ami Mohamed-ben-
Abdelkader (ancien lieutenant de Turcos
Chevalier de la Légion d'Honneur).

Pendant le cours de notre prome-
nade, il me raconta une petite histoire
qu'il vous sera peut-être agréable de
savoir, la voici :

« Tu connais, me dit-il, le grand
marabout de *Sidi-Kébir* qui se
trouve à *Bir-Traria* (fontaine fraîche)
*Mohamed-ben-el-Kébir* (Mohamed
fils de Sidi Kébir) un des descendants
du marabout, me confia le secret
suivant :

Ce secret, me dit-il encore, je ne l'ai
jamais dit à un *Roumi* (chrétien). Je

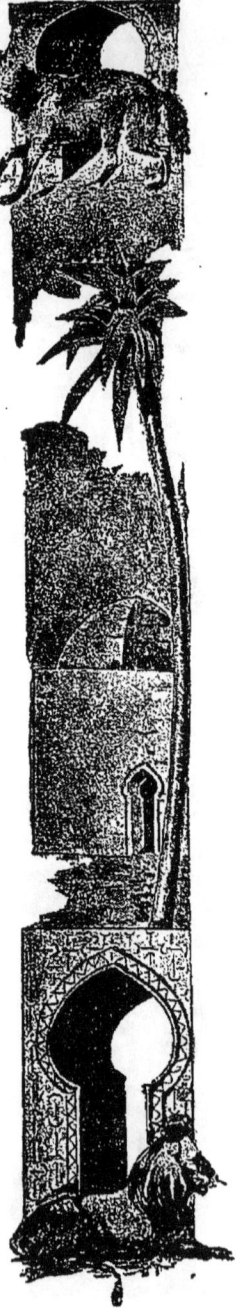

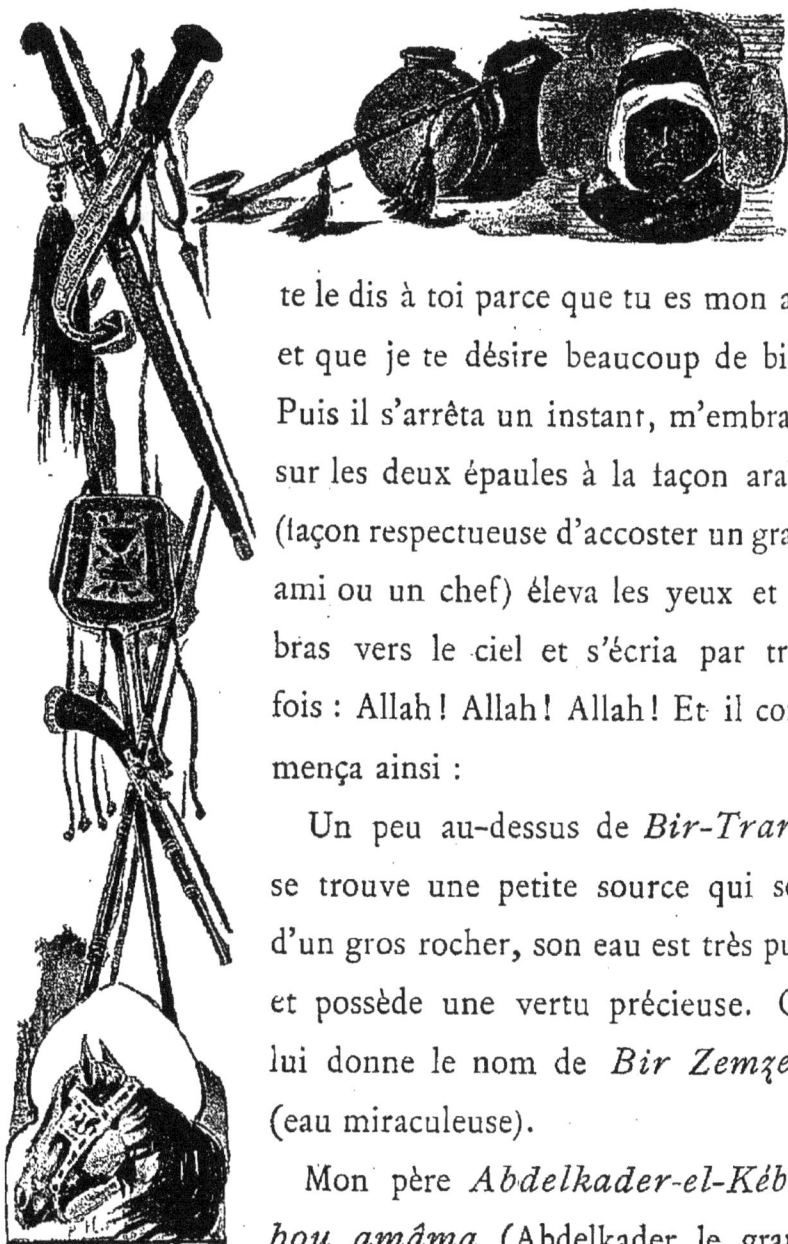

te le dis à toi parce que tu es mon ami et que je te désire beaucoup de bien. Puis il s'arrêta un instant, m'embrassa sur les deux épaules à la façon arabe, (façon respectueuse d'accoster un grand ami ou un chef) éleva les yeux et les bras vers le ciel et s'écria par trois fois : Allah ! Allah ! Allah ! Et il commença ainsi :

Un peu au-dessus de *Bir-Traria* se trouve une petite source qui sort d'un gros rocher, son eau est très pure et possède une vertu précieuse. On lui donne le nom de *Bir Zemzem* (eau miraculeuse).

Mon père *Abdelkader-el-Kébir bou amâma* (Abdelkader le grand

chef possesseur du turban), en reve-
nant de la Mecque où il était allé en
pélérinage, vint pour se baigner et y
faire ses ablutions.

Pour être agréable à Allah et suivant
la tradition, il tenait dans sa main un
petit oiseau nommé *Raïta* (flageolet),
auquel il trempa, par trois fois, la tête
dans le courant de la source.

La petite bête en ressentit un si
grand bien-être qu'aussitôt elle se mit
à chanter.

Alors apparut sur le haut du rocher
une jeune fille fort jolie qui, ôtant son
*Eudjar* (petit voile qui cache la figure
des femmes arabes) lui dit :

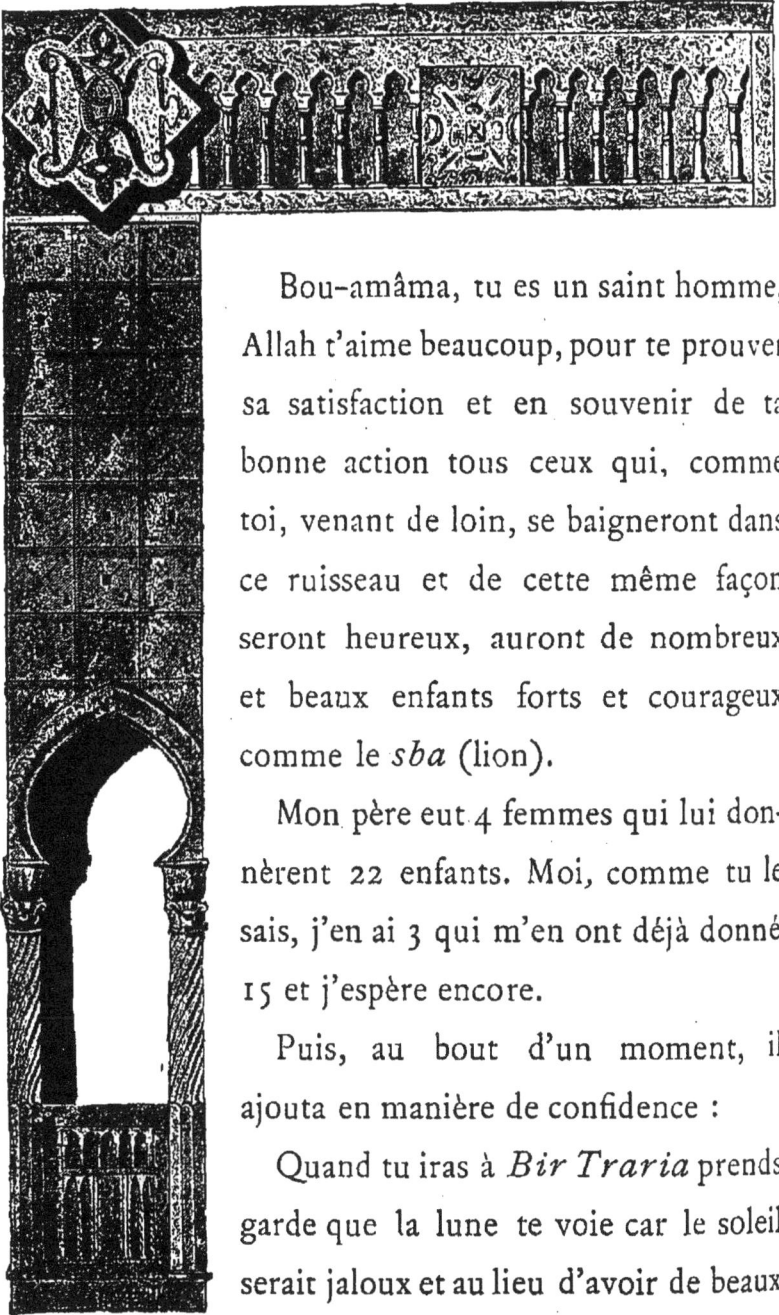

Bou-amâma, tu es un saint homme, Allah t'aime beaucoup, pour te prouver sa satisfaction et en souvenir de ta bonne action tous ceux qui, comme toi, venant de loin, se baigneront dans ce ruisseau et de cette même façon seront heureux, auront de nombreux et beaux enfants forts et courageux comme le *sba* (lion).

Mon père eut 4 femmes qui lui donnèrent 22 enfants. Moi, comme tu le sais, j'en ai 3 qui m'en ont déjà donné 15 et j'espère encore.

Puis, au bout d'un moment, il ajouta en manière de confidence :

Quand tu iras à *Bir Traria* prends garde que la lune te voie car le soleil serait jaloux et au lieu d'avoir de beaux

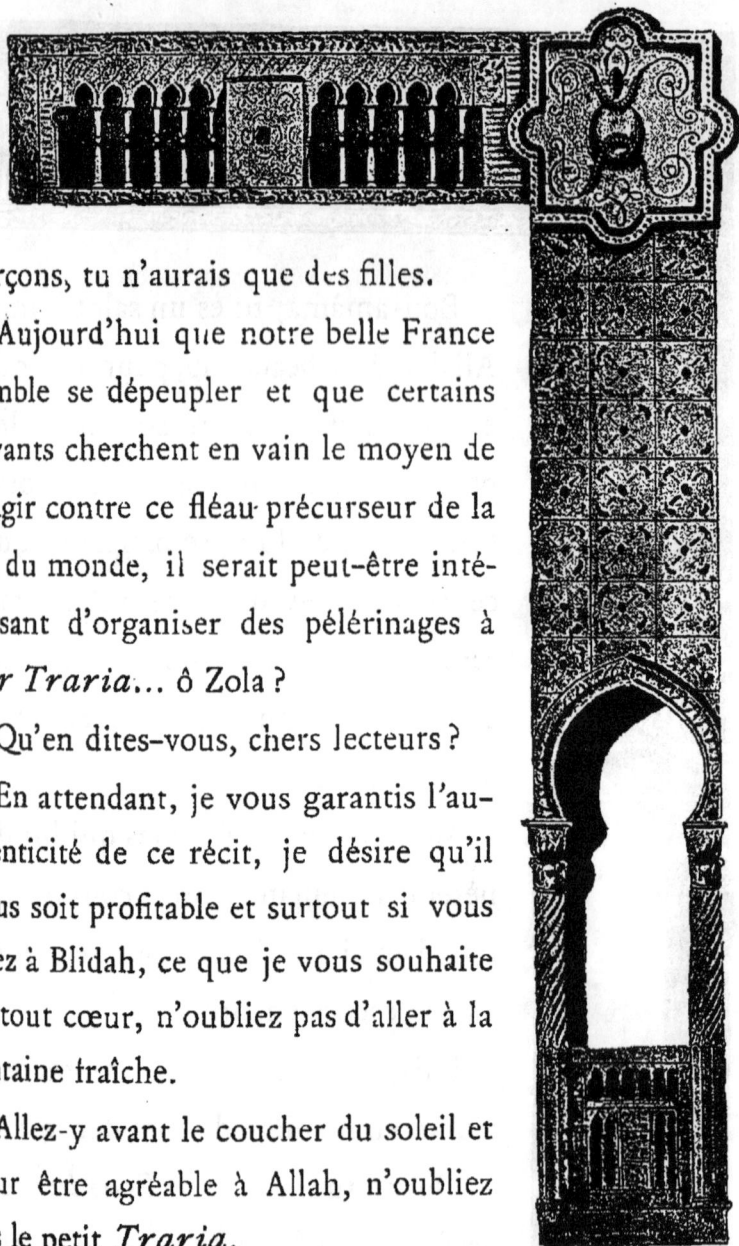

garçons, tu n'aurais que des filles.

Aujourd'hui que notre belle France semble se dépeupler et que certains savants cherchent en vain le moyen de réagir contre ce fléau précurseur de la fin du monde, il serait peut-être inté-ressant d'organiser des pélérinages à *Bir Traria*... ô Zola ?

Qu'en dites-vous, chers lecteurs ?

En attendant, je vous garantis l'au-thenticité de ce récit, je désire qu'il vous soit profitable et surtout si vous allez à Blidah, ce que je vous souhaite de tout cœur, n'oubliez pas d'aller à la fontaine fraîche.

Allez-y avant le coucher du soleil et pour être agréable à Allah, n'oubliez pas le petit *Traria*.

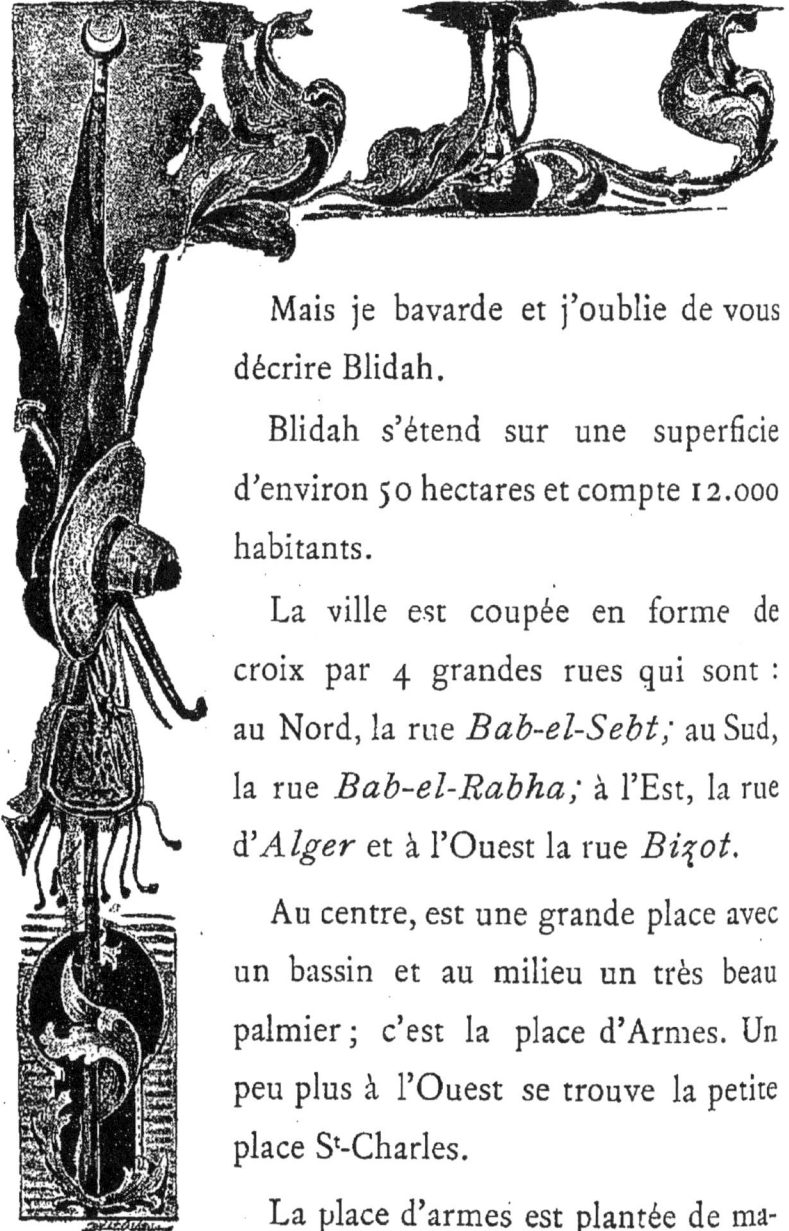

Mais je bavarde et j'oublie de vous décrire Blidah.

Blidah s'étend sur une superficie d'environ 50 hectares et compte 12.000 habitants.

La ville est coupée en forme de croix par 4 grandes rues qui sont : au Nord, la rue *Bab-el-Sebt;* au Sud, la rue *Bab-el-Rabha;* à l'Est, la rue d'*Alger* et à l'Ouest la rue *Bizot.*

Au centre, est une grande place avec un bassin et au milieu un très beau palmier ; c'est la place d'Armes. Un peu plus à l'Ouest se trouve la petite place St-Charles.

La place d'armes est plantée de ma-

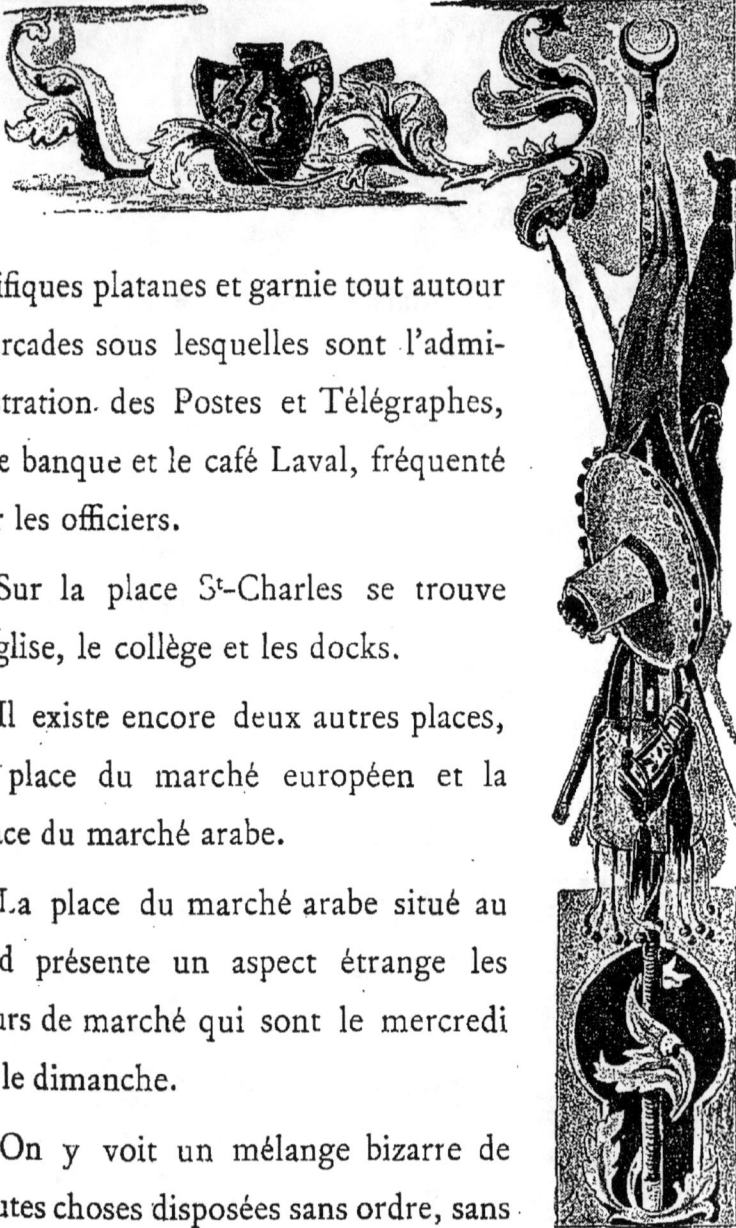

gnifiques platanes et garnie tout autour
d'arcades sous lesquelles sont l'admi-
nistration des Postes et Télégraphes,
une banque et le café Laval, fréquenté
par les officiers.

Sur la place S^t-Charles se trouve
l'église, le collège et les docks.

Il existe encore deux autres places,
la place du marché européen et la
place du marché arabe.

La place du marché arabe situé au
Sud présente un aspect étrange les
jours de marché qui sont le mercredi
et le dimanche.

On y voit un mélange bizarre de
toutes choses disposées sans ordre, sans

symétrie, aussi est-il parfois difficile
de circuler.

Ici on trouve un chameau couché
avec sa charge de *Karmous* (figues)
et de dattes sur le dos. A côté, quelques maigres bourriquots chargés de
couffins graisseux et de peaux de bouc
remplies d'huile d'olive, produit de la
Kabylie, derrière le Kabyle pauvre-
ment vêtu d'un mauvais burnous,
coiffé d'une *schachia* et chaussé de
*sbates,* le tout recouvert d'une épaisse
couche d'huile. Plus loin, il y a des
marchands de charbon de bois, de miel,
de semoule, de raisin, d'artichauts et
d'asperges sauvages de kakaouet (petite graine dans le genre du gland).
Dans un coin, un marchand de bur-

nous, un cordonnier avec son étalage curieux.

Figurez-vous un Arabe généralement vieux, accroupi sur une natte et
à moitié enseveli au milieu d'un mon-
ceau de vieilles chaussures, entouré
d'autres arabes également accroupis
mais non assis attendant la réparation
puis devant lui dans l'endroit le plus
passager, des peaux fraîches étendues
par terre le poil en dessous et recou-
vertes de gros sel.

Ces peaux sont souvent encore garnies de lambeaux de chair que se dis-
putent les chiens des Kabyles venus
au marché avec leurs maîtres.

Lorsque les peaux ont été bien fou-
lées aux pieds par tous les gens du
marché et que le sel a bien pénétré

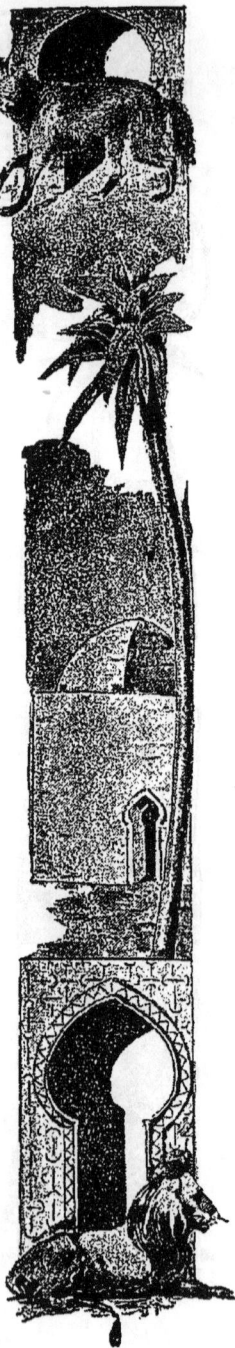

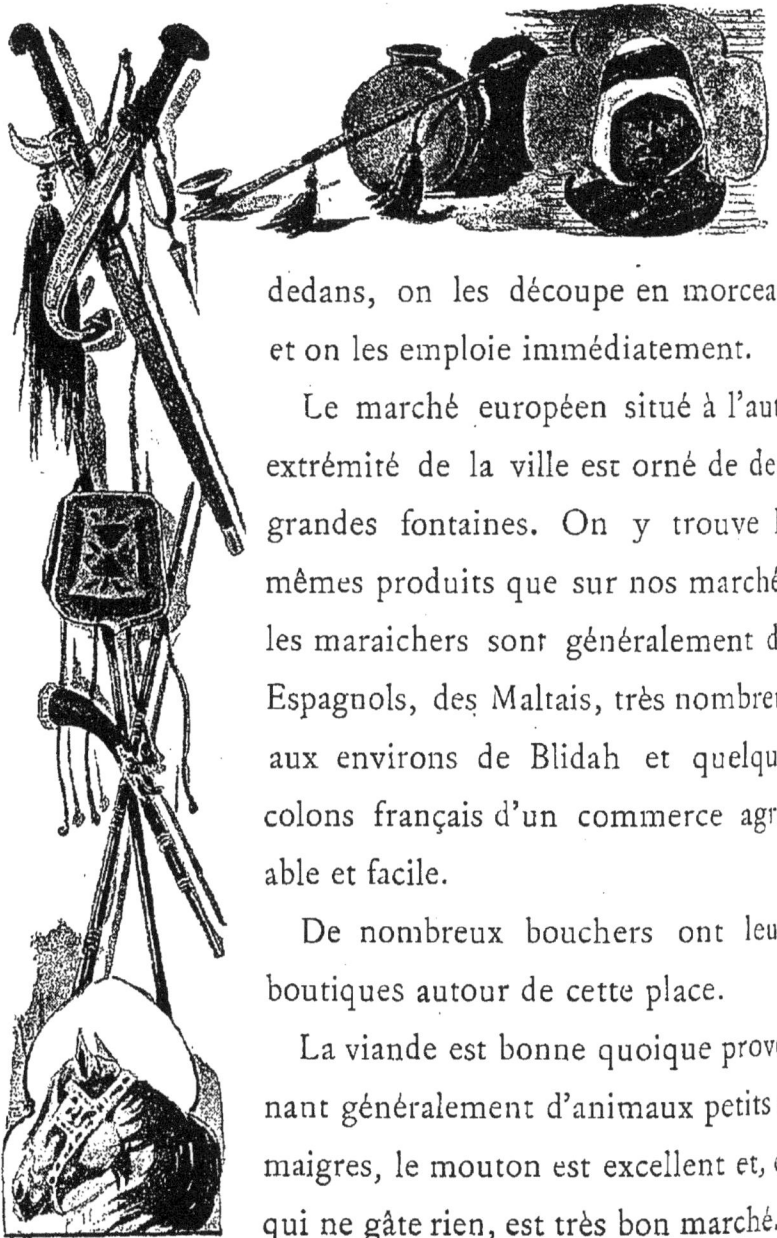

dedans, on les découpe en morceaux et on les emploie immédiatement.

Le marché européen situé à l'autre extrémité de la ville est orné de deux grandes fontaines. On y trouve les mêmes produits que sur nos marchés, les maraichers sont généralement des Espagnols, des Maltais, très nombreux aux environs de Blidah et quelques colons français d'un commerce agréable et facile.

De nombreux bouchers ont leurs boutiques autour de cette place.

La viande est bonne quoique provenant généralement d'animaux petits et maigres, le mouton est excellent et, ce qui ne gâte rien, est très bon marché.

En somme, la vie à Blidah est certainement moitié moins chère qu'à Paris.

Les deux marchés sont reliés entre eux par la rue Abdallah que l'on nomme aussi rue des Juifs; c'est une rue très commerçante et remplie de Bacris, d'Abraham et d'Isaac, etc.

Auprès du marché arabe est l'hôpital, très belle construction entourée d'un vaste et beau jardin longeant la rue d'Alger jusqu'à la porte.

Le dépôt de remonte est près de la porte *Zaouïa*, c'est un bel établissement qui réunit environ 100 étalons de nos plus belles espèces algériennes,

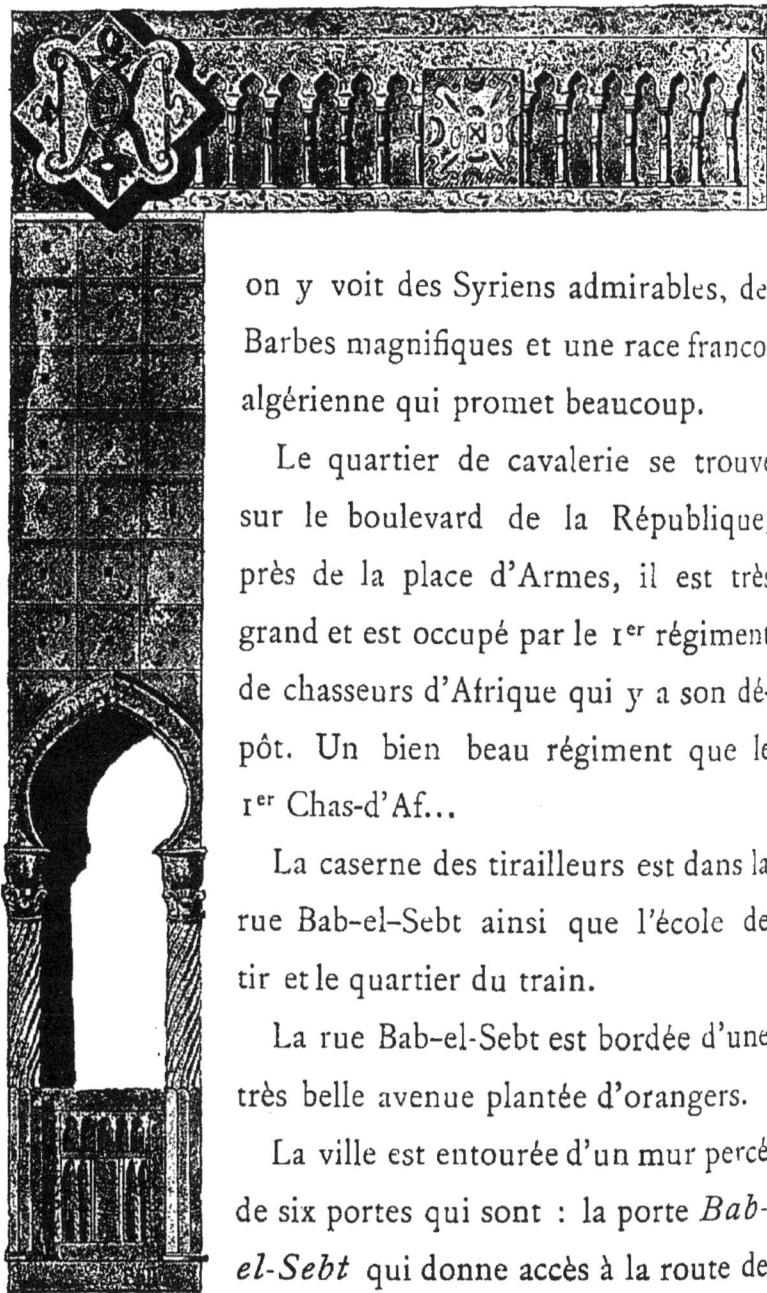

on y voit des Syriens admirables, des Barbes magnifiques et une race franco-algérienne qui promet beaucoup.

Le quartier de cavalerie se trouve sur le boulevard de la République, près de la place d'Armes, il est très grand et est occupé par le 1$^{er}$ régiment de chasseurs d'Afrique qui y a son dépôt. Un bien beau régiment que le 1$^{er}$ Chas-d'Af...

La caserne des tirailleurs est dans la rue Bab-el-Sebt ainsi que l'école de tir et le quartier du train.

La rue Bab-el-Sebt est bordée d'une très belle avenue plantée d'orangers.

La ville est entourée d'un mur percé de six portes qui sont : la porte *Bab-el-Sebt* qui donne accès à la route de

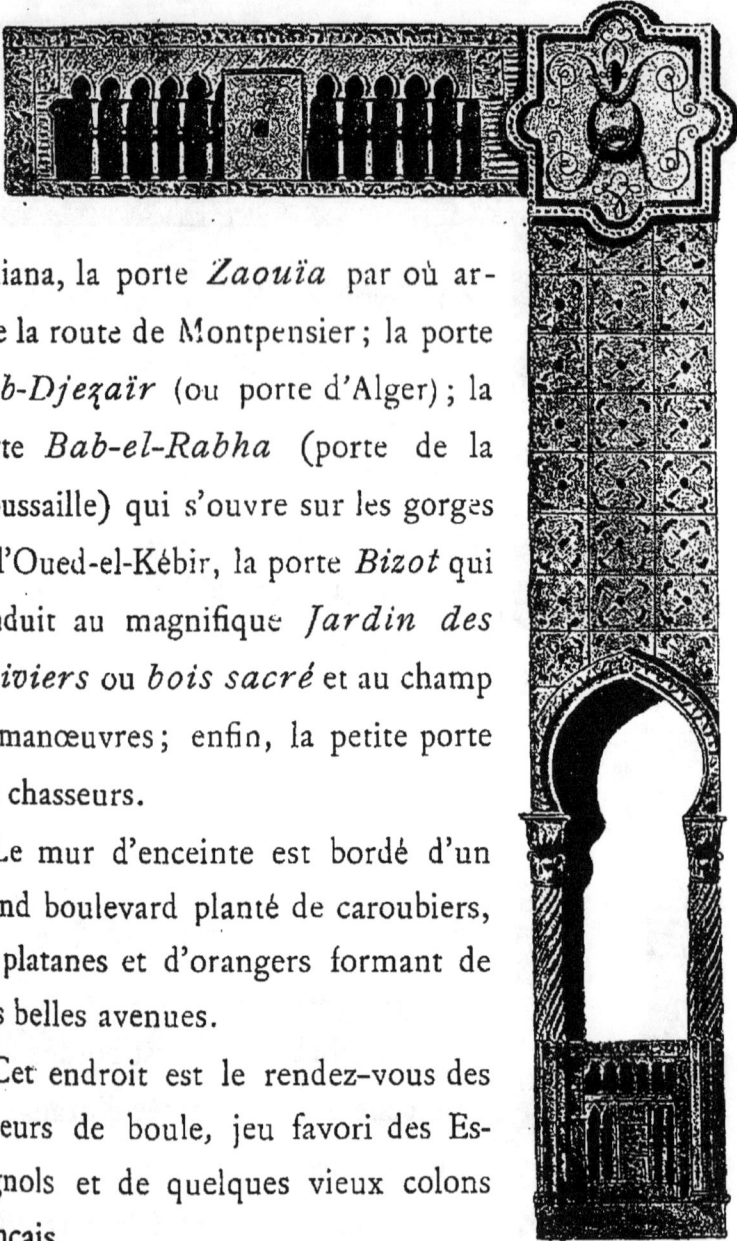

Miliana, la porte *Zaouïa* par où arrive la route de Montpensier ; la porte
*Bab-Djezaïr* (ou porte d'Alger) ; la
porte *Bab-el-Rabha* (porte de la
broussaille) qui s'ouvre sur les gorges
de l'Oued-el-Kébir, la porte *Bizot* qui
conduit au magnifique *Jardin des
Oliviers* ou *bois sacré* et au champ
de manœuvres ; enfin, la petite porte
des chasseurs.

Le mur d'enceinte est bordé d'un
grand boulevard planté de caroubiers,
de platanes et d'orangers formant de
très belles avenues.

Cet endroit est le rendez-vous des
joueurs de boule, jeu favori des Espagnols et de quelques vieux colons
français.

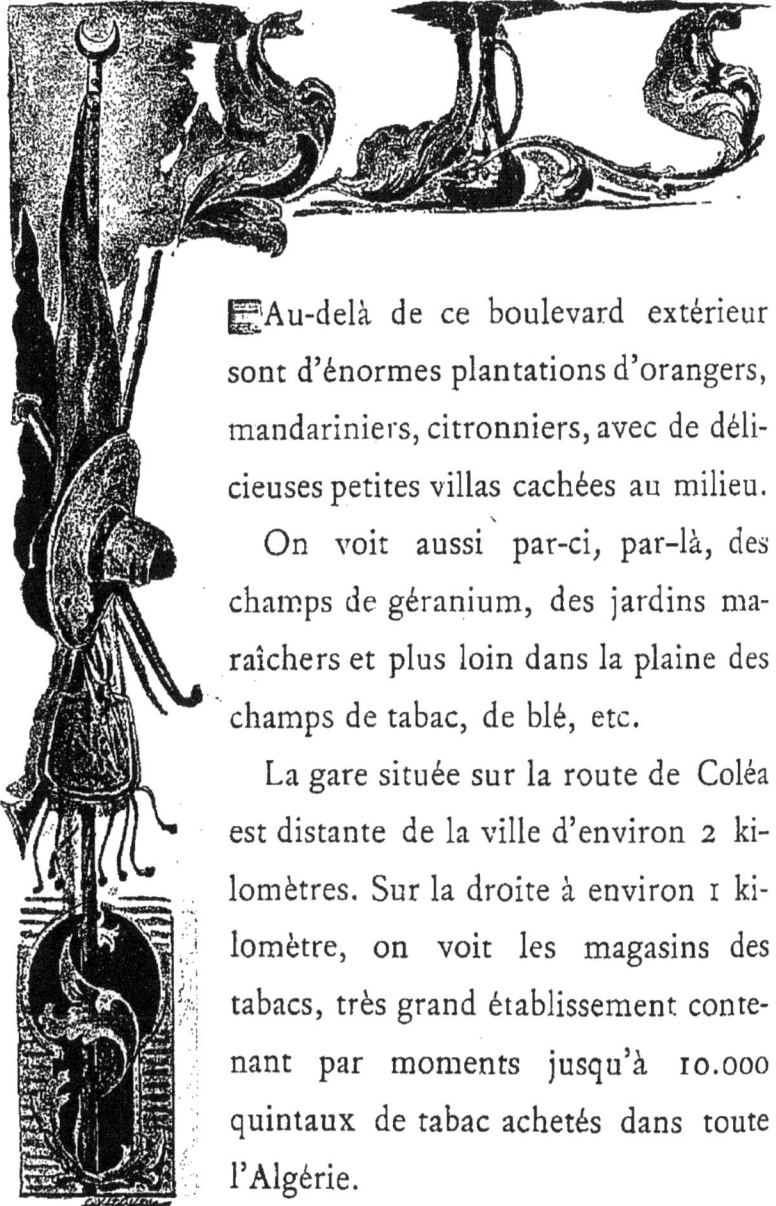

Au-delà de ce boulevard extérieur sont d'énormes plantations d'orangers, mandariniers, citronniers, avec de délicieuses petites villas cachées au milieu.

On voit aussi par-ci, par-là, des champs de géranium, des jardins maraîchers et plus loin dans la plaine des champs de tabac, de blé, etc.

La gare située sur la route de Coléa est distante de la ville d'environ 2 kilomètres. Sur la droite à environ 1 kilomètre, on voit les magasins des tabacs, très grand établissement contenant par moments jusqu'à 10.000 quintaux de tabac achetés dans toute l'Algérie.

De la gare on voit très bien le *Tombeau de la Reine* ou de la *Chrétienne* situé au bas de la colline où se dresse Coléa.

Sur la route d'Alger presqu'à la sortie de la ville se trouve l'orangerie du Tapis Vert au milieu de laquelle une vaste salle sert de théâtre l'été.

Au pied de l'Atlas par la porte Babel-Rabha, on entre dans les gorges. On voit d'abord sur la route plusieurs minoteries très importantes, puis le chemin des glaciers qui, serpentant tout le long de la montagne, va jusqu'à une forêt de cèdres qui couronne la crête la plus élevée. Deux arbres surtout se font remarquer par leur

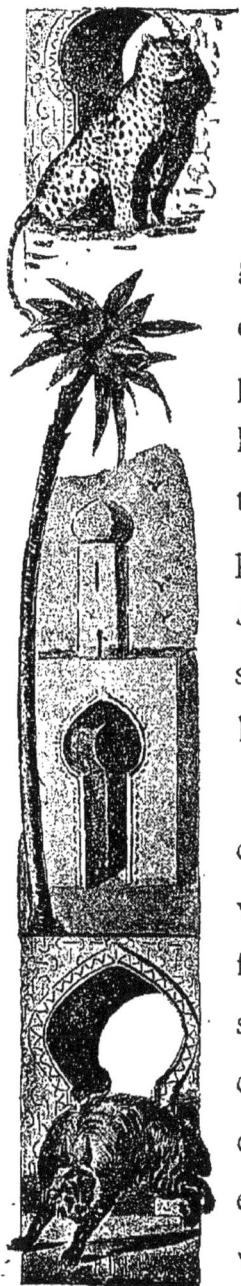

grosseur et leur élévation. Le chemin qui conduit à ces deux cèdres n'est praticable qu'aux piétons et aux mulets. Le cheval s'y tiendrait difficilement tellement il est à pic et rocailleux. On passe devant les gourbis des *Beni-Salah*, ancienne tribu autrefois puissante et très guerrière mais aujourd'hui bien calme.

Si, avant d'abandonner la forêt des cèdres pour redescendre la montagne, vous jetez un coup d'œil sur le magnifique panorama qui, de cette hauteur, se présente à votre vue, vous apercevez devant vous l'horizon qui décrit un demi-cercle. Parfois vous voyez en entier la plaine de la Métidja avec ses villages à peine indiqués : Béni-Méred,

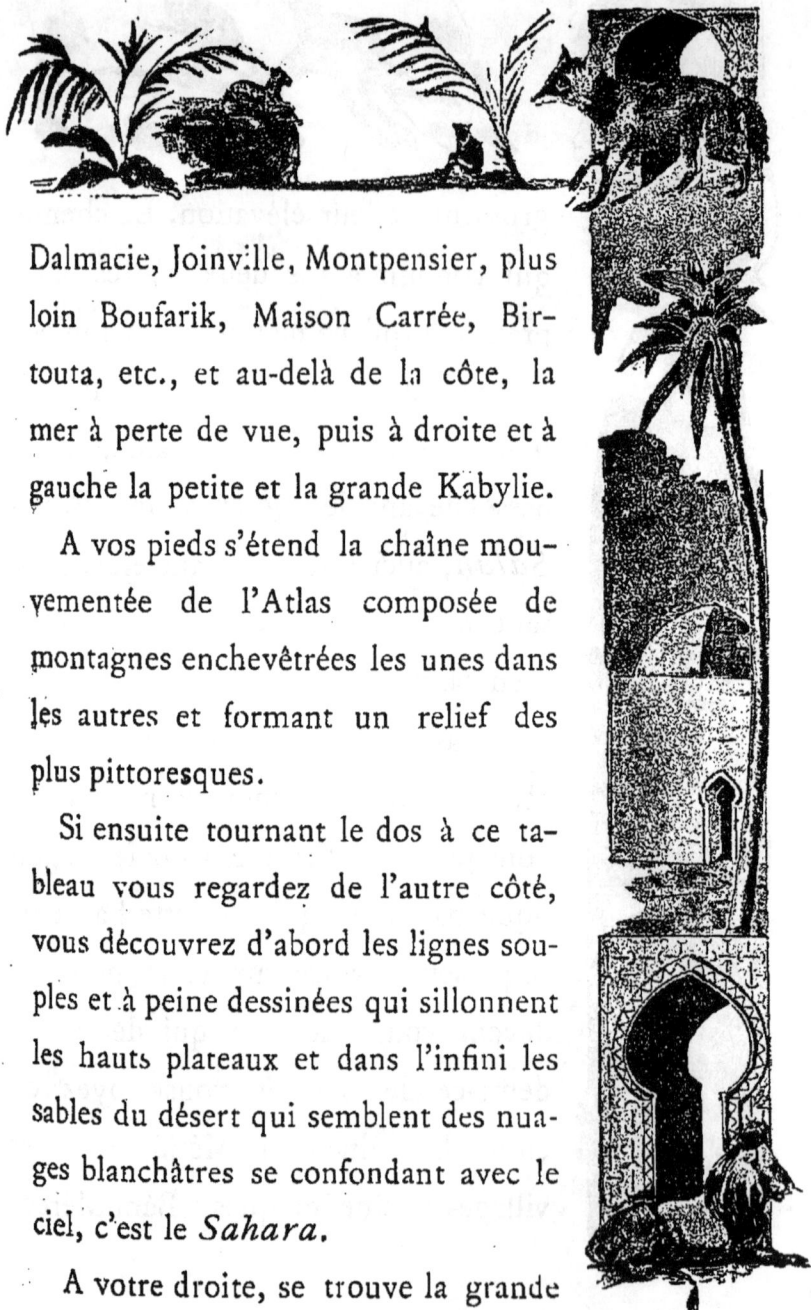

Dalmacie, Joinville, Montpensier, plus
loin Boufarik, Maison Carrée, Bir-
touta, etc., et au-delà de la côte, la
mer à perte de vue, puis à droite et à
gauche la petite et la grande Kabylie.

A vos pieds s'étend la chaîne mou-
vementée de l'Atlas composée de
montagnes enchevêtrées les unes dans
les autres et formant un relief des
plus pittoresques.

Si ensuite tournant le dos à ce ta-
bleau vous regardez de l'autre côté,
vous découvrez d'abord les lignes souples et à peine dessinées qui sillonnent
les hauts plateaux et dans l'infini les
sables du désert qui semblent des nua-
ges blanchâtres se confondant avec le
ciel, c'est le *Sahara*.

A votre droite, se trouve la grande

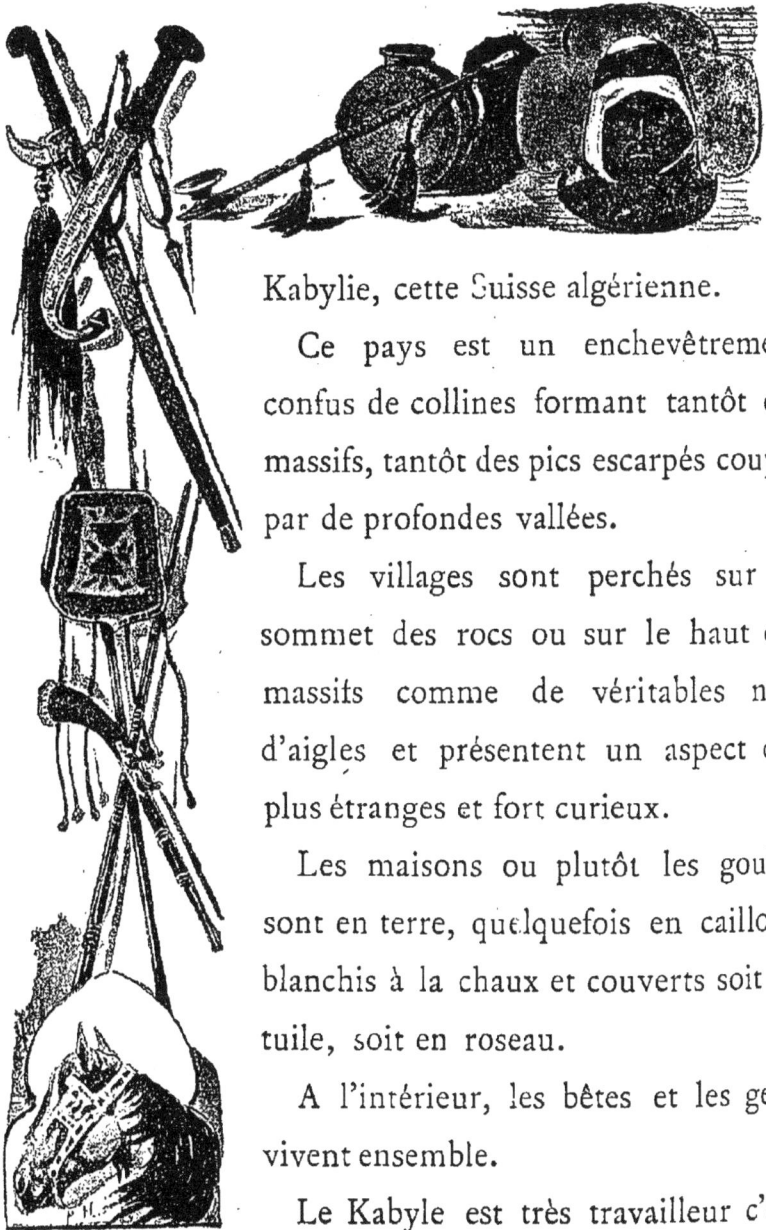

Kabylie, cette Suisse algérienne.

Ce pays est un enchevêtrement confus de collines formant tantôt des massifs, tantôt des pics escarpés coupés par de profondes vallées.

Les villages sont perchés sur le sommet des rocs ou sur le haut des massifs comme de véritables nids d'aigles et présentent un aspect des plus étranges et fort curieux.

Les maisons ou plutôt les goubis sont en terre, quelquefois en cailloux blanchis à la chaux et couverts soit en tuile, soit en roseau.

A l'intérieur, les bêtes et les gens vivent ensemble.

Le Kabyle est très travailleur c'est

le moissonneur de l'Algérie; au moment des récoltes il descend dans la
plaine et se loue pour la saison, il est
moins fanatique que l'arabe.

Il n'est pas seulement cultivateur, il
s'occupe aussi d'industrie. Les femmes
font de la poterie, fabriquent des
étoffes, les hommes forgent le fer, font
des armes et de la bijouterie.

Les femmes ne se couvrent pas la figure comme les femmes arabes.

Les oliviers sont très nombreux,
aussi fait-on beaucoup d'huile que le
Kabyle va vendre dans la plaine sur
tous les marchés quelquefois jusqu'à
20 et 30 kilomètres.

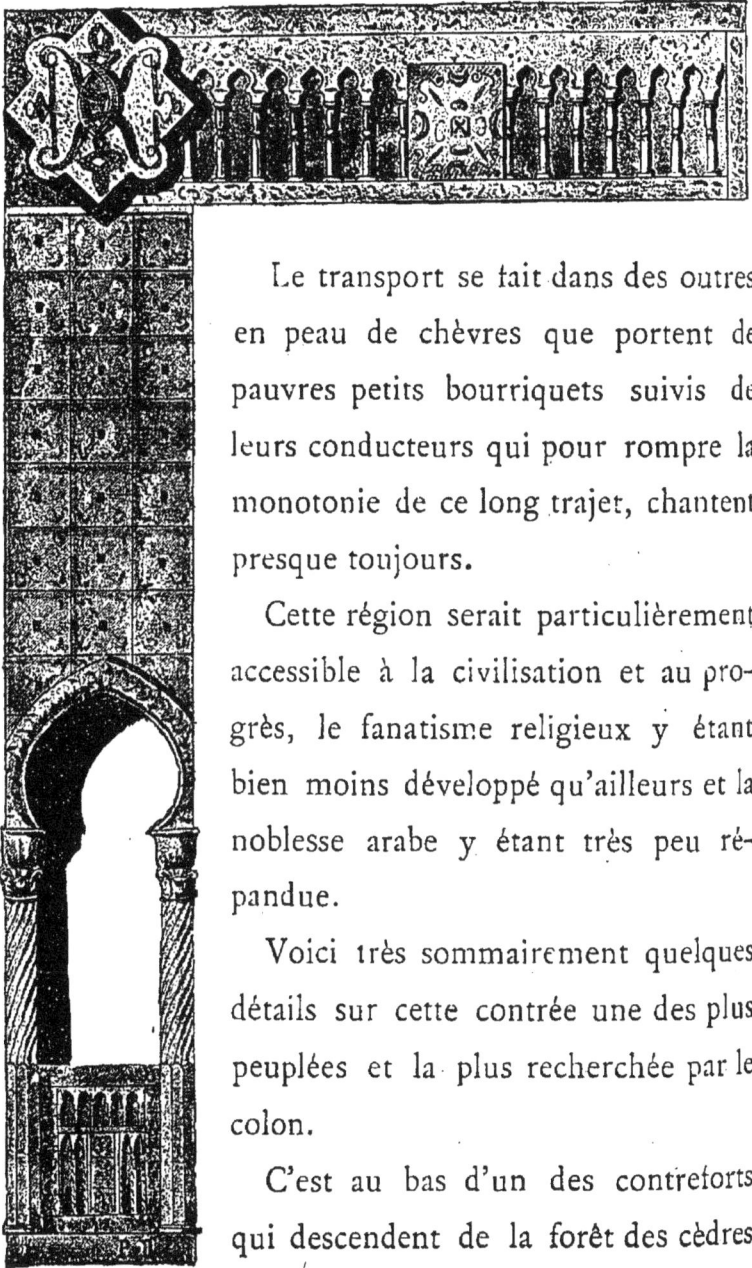

Le transport se fait dans des outres
en peau de chèvres que portent de
pauvres petits bourriquets suivis de
leurs conducteurs qui pour rompre la
monotonie de ce long trajet, chantent
presque toujours.

Cette région serait particulièrement
accessible à la civilisation et au pro-
grès, le fanatisme religieux y étant
bien moins développé qu'ailleurs et la
noblesse arabe y étant très peu répandue.

Voici très sommairement quelques
détails sur cette contrée une des plus
peuplées et la plus recherchée par le
colon.

C'est au bas d'un des contreforts
qui descendent de la forêt des cèdres

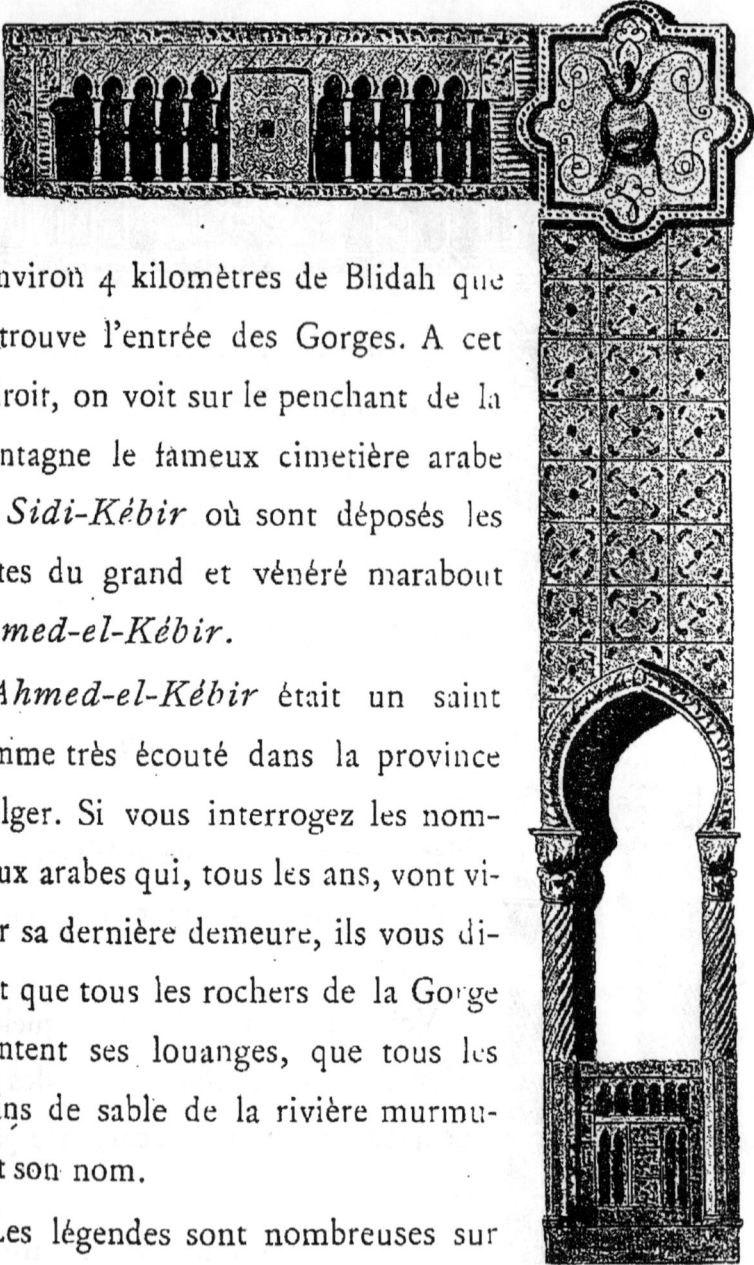

à environ 4 kilomètres de Blidah que se trouve l'entrée des Gorges. A cet endroit, on voit sur le penchant de la montagne le fameux cimetière arabe de *Sidi-Kébir* où sont déposés les restes du grand et vénéré marabout *Ahmed-el-Kébir*.

*Ahmed-el-Kébir* était un saint homme très écouté dans la province d'Alger. Si vous interrogez les nombreux arabes qui, tous les ans, vont visiter sa dernière demeure, ils vous diront que tous les rochers de la Gorge chantent ses louanges, que tous les grains de sable de la rivière murmurent son nom.

Les légendes sont nombreuses sur

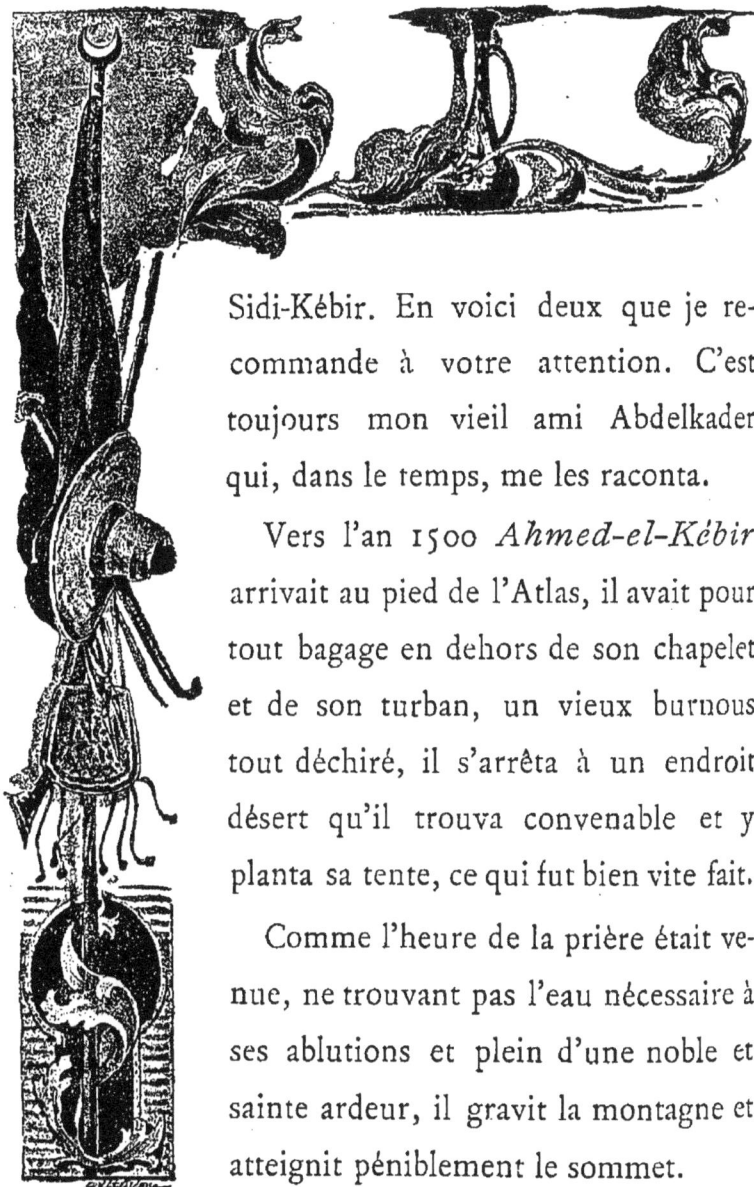

Sidi-Kébir. En voici deux que je recommande à votre attention. C'est toujours mon vieil ami Abdelkader qui, dans le temps, me les raconta.

Vers l'an 1500 *Ahmed-el-Kébir* arrivait au pied de l'Atlas, il avait pour tout bagage en dehors de son chapelet et de son turban, un vieux burnous tout déchiré, il s'arrêta à un endroit désert qu'il trouva convenable et y planta sa tente, ce qui fut bien vite fait.

Comme l'heure de la prière était venue, ne trouvant pas l'eau nécessaire à ses ablutions et plein d'une noble et sainte ardeur, il gravit la montagne et atteignit péniblement le sommet.

Fatigué d'une aussi dure ascension, il se reposa un instant puis inspiré par Allah il se mit en prière et appela à lui toutes les sources de la montagne, leur enjoignant de le suivre.

Il redescendit la montagne suivi de 7 sources qu'il lança dans le ravin qui sert encore aujourd'hui de lit à l'*Oued-el-Kébir*.

Une seule fut retenue par lui, c'est celle qui forme encore aujourd'hui le ruisseau qui alimente la bienfaisante fontaine que vous connaissez « *Bir-Traria* » (fontaine fraîche).

Plus tard, le caïd Abderhaman, grand chef de la plaine, ayant besoin d'eau pour ses terres desséchées par le

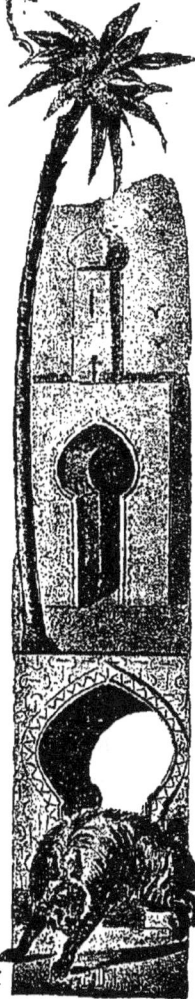

soleil vint visiter le saint marabout.

Il le trouva en prière près de sa source favorite.

Le caïd, homme très hautain et brutal, l'interpella brusquement malgré les usages qui veulent qu'on ne parle jamais à un arabe en prière et lui dit :

Tu n'as pas besoin de tant d'eau pour toi, il faut que tu m'en cèdes une partie, je te donnerai de l'or pour ce service.

Le saint homme refusa.

Le caïd s'emporta et lui dit qu'il ne comprenait pas qu'un misérable comme lui refuse de devenir riche.

Sidi-Kébir lui répondit :

« Je n'ai pas besoin de ton or, et, quoique mon burnous soit moins beau

que le tien, tu sauras que je suis plus
riche que toi et si tu en veux la preuve,
secoue cet arbre, il parlera pour moi.

Le caïd s'empressa de le faire. A
peine avait-il ébranlé l'arbre qu'il en
tomba une pluie de pièces d'or.

Ce cupide impie se précipita pour
les ramasser mais les pièces fuyant plus
vite que lui, le conduisirent vers l'entrée d'une caverne située auprès de la
source même où, malgré l'avis du marabout, il ne craignit pas de pénétrer.

A peine était-il entré que les rochers
se refermèrent retenant prisonnier le
caïd et son or.

Depuis ce moment, on entend un
bruit sourd et plaintif. Ce n'est pas le
bruit de la source qui coule en cet endroit mais bien les cris du caïd qui ex-

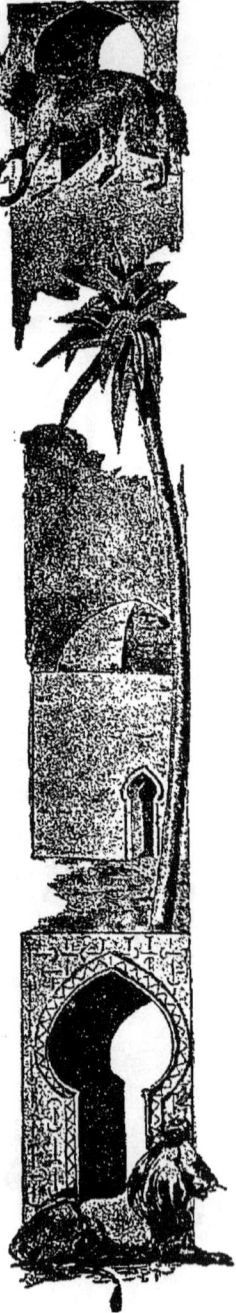

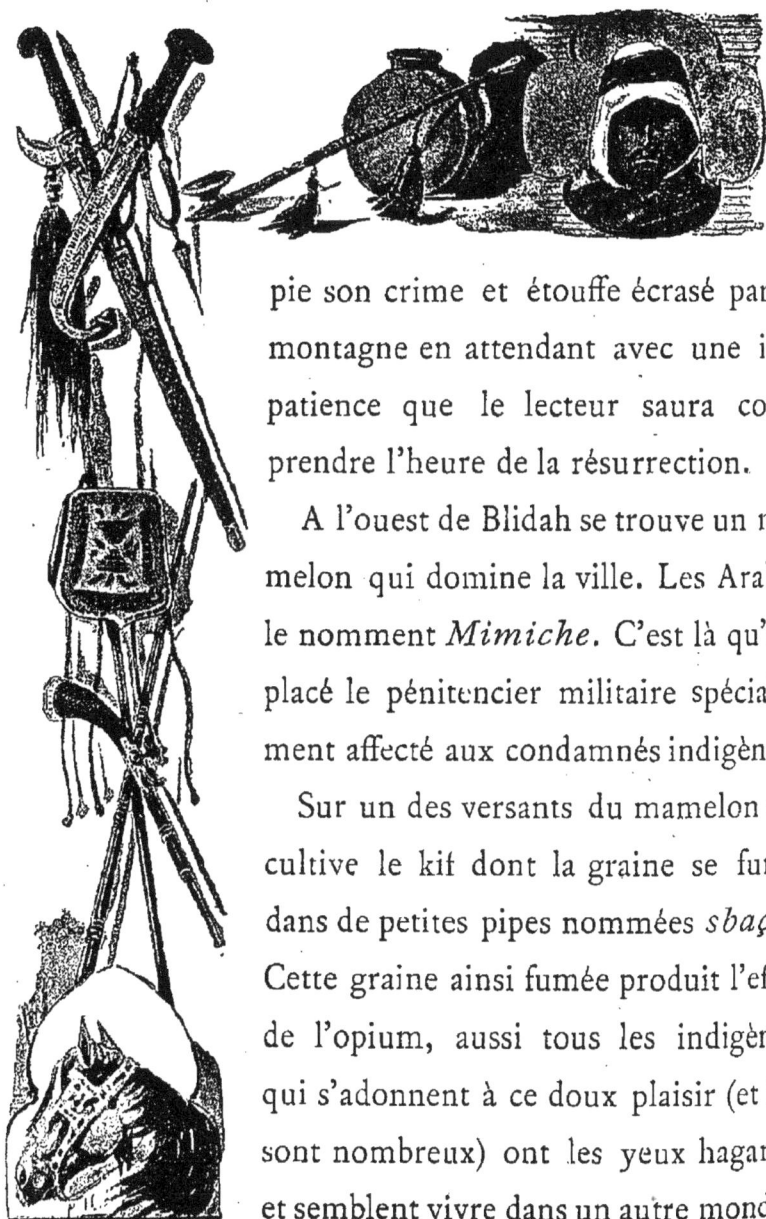

pie son crime et étouffe écrasé par la montagne en attendant avec une impatience que le lecteur saura comprendre l'heure de la résurrection.

A l'ouest de Blidah se trouve un mamelon qui domine la ville. Les Arabes le nomment *Mimiche*. C'est là qu'est placé le pénitencier militaire spécialement affecté aux condamnés indigènes.

Sur un des versants du mamelon on cultive le kif dont la graine se fume dans de petites pipes nommées *sbaça*. Cette graine ainsi fumée produit l'effet de l'opium, aussi tous les indigènes qui s'adonnent à ce doux plaisir (et ils sont nombreux) ont les yeux hagards et semblent vivre dans un autre monde.

En peu de temps ils deviennent véri-
tablement abrutis « *mabouls* ».

Au pied de Mimiche s'étend sur le
bord de l'Oued le camp Bizot couvert
de baraquements occupés pendant une
partie de l'année par les Turcos.

Ce camp est limité par le jardin
Bizot planté de palmiers de toutes
sortes et de bambous admirables de
toutes les variétés. Ce jardin très bien
entretenu est une des promenades fa-
vorites des Blidéens.

Un peu plus loin se trouve le bois
sacré ou jardin des oliviers planté d'arbres magnifiques.

Ce bois a aussi sa légende, la voici :

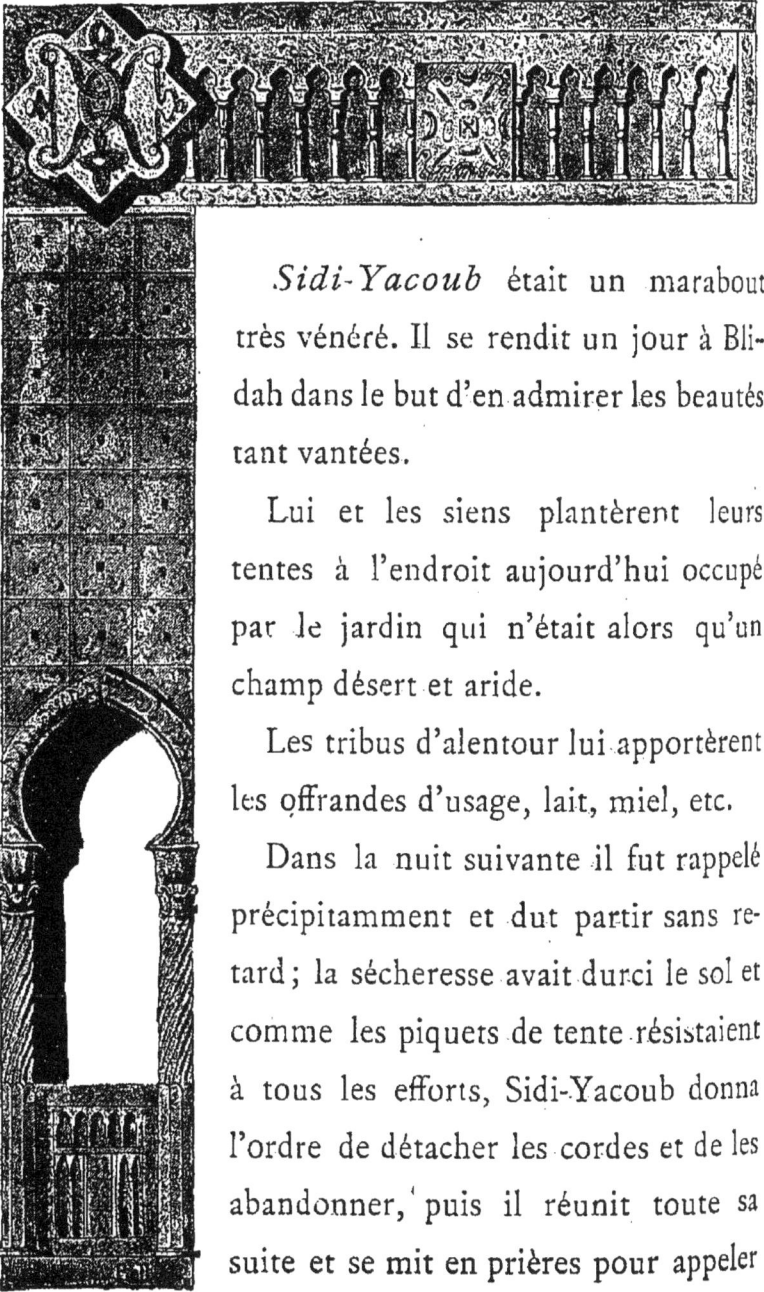

*Sidi-Yacoub* était un marabout très vénéré. Il se rendit un jour à Blidah dans le but d'en admirer les beautés tant vantées.

Lui et les siens plantèrent leurs tentes à l'endroit aujourd'hui occupé par le jardin qui n'était alors qu'un champ désert et aride.

Les tribus d'alentour lui apportèrent les offrandes d'usage, lait, miel, etc.

Dans la nuit suivante il fut rappelé précipitamment et dut partir sans retard; la sécheresse avait durci le sol et comme les piquets de tente résistaient à tous les efforts, Sidi-Yacoub donna l'ordre de détacher les cordes et de les abandonner, puis il réunit toute sa suite et se mit en prières pour appeler

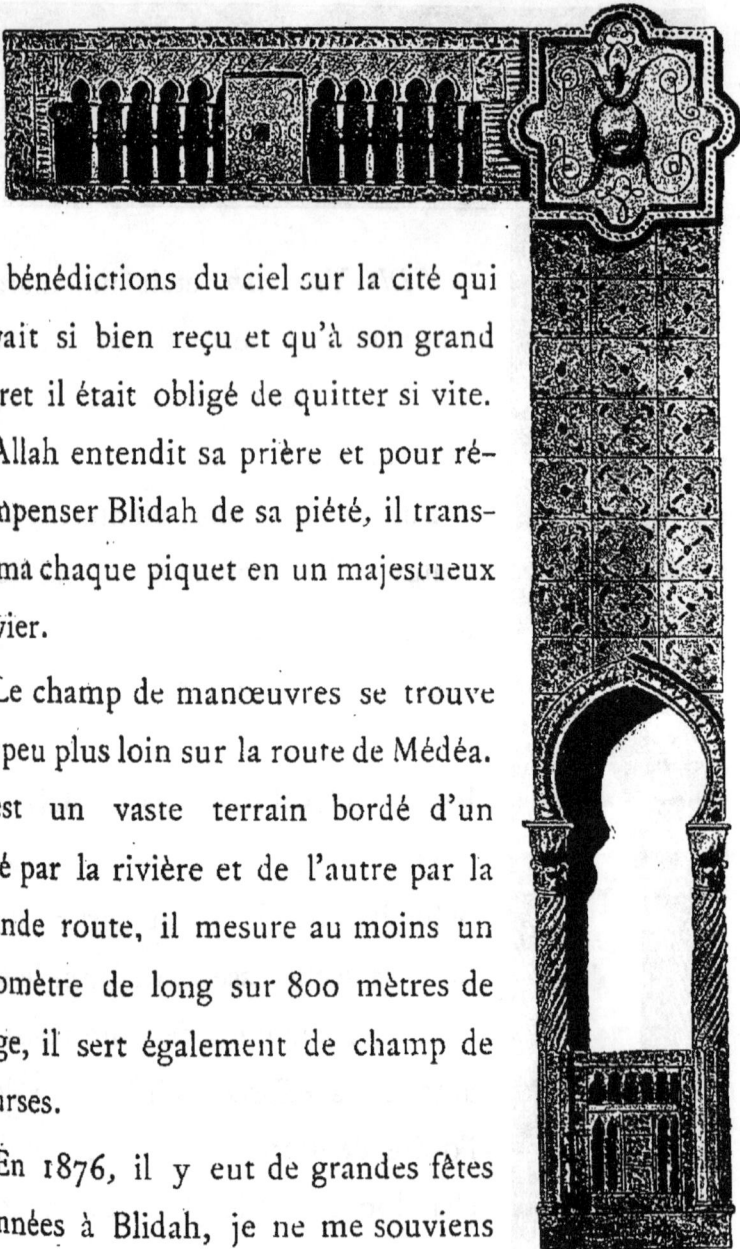

les bénédictions du ciel sur la cité qui l'avait si bien reçu et qu'à son grand regret il était obligé de quitter si vite.

Allah entendit sa prière et pour récompenser Blidah de sa piété, il transforma chaque piquet en un majestueux olivier.

Le champ de manœuvres se trouve un peu plus loin sur la route de Médéa. C'est un vaste terrain bordé d'un côté par la rivière et de l'autre par la grande route, il mesure au moins un kilomètre de long sur 800 mètres de large, il sert également de champ de courses.

En 1876, il y eut de grandes fêtes données à Blidah, je ne me souviens

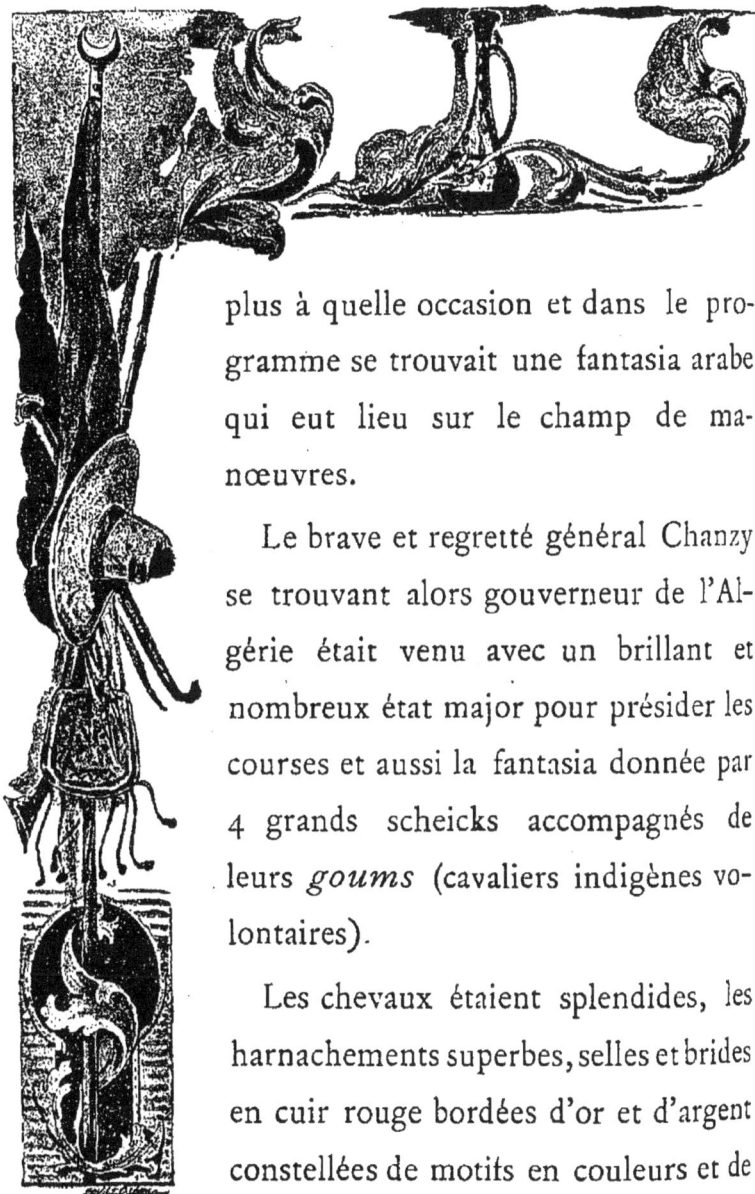

plus à quelle occasion et dans le pro-
gramme se trouvait une fantasia arabe
qui eut lieu sur le champ de manœuvres.

Le brave et regretté général Chanzy
se trouvant alors gouverneur de l'Algérie était venu avec un brillant et
nombreux état major pour présider les
courses et aussi la fantasia donnée par
4 grands scheicks accompagnés de
leurs *goums* (cavaliers indigènes vo-
lontaires).

Les chevaux étaient splendides, les
harnachements superbes, selles et brides
en cuir rouge bordées d'or et d'argent
constellées de motifs en couleurs et de

franges admirablement tressées.

Le caïd qui commandait était monté
sur une magnifique jument blanche
qui fit l'admiration de tous les ama-
teurs. C'était une *moukeref* (qualité
que l'on donne aux chevaux de pure et
noble extraction du côté de la mère).
Il s'avança seul au devant du général
Chanzy, lui tendit la main et lui dit :

Tu es ici chez toi et nous sommes
tes serviteurs. « *Rahemek Allah* »
(Que Dieu te bénisse).

Puis il fit signe à ses cavaliers qui se
dispersèrent au grand galop de leurs
superbes buveurs d'air pour ensuite se
reformer par lignes de dix et partir
ventre à terre. Sur le signal de l'un
d'eux quand ils passaient devant les
spectateurs ils déchargeaient leur *mou-*

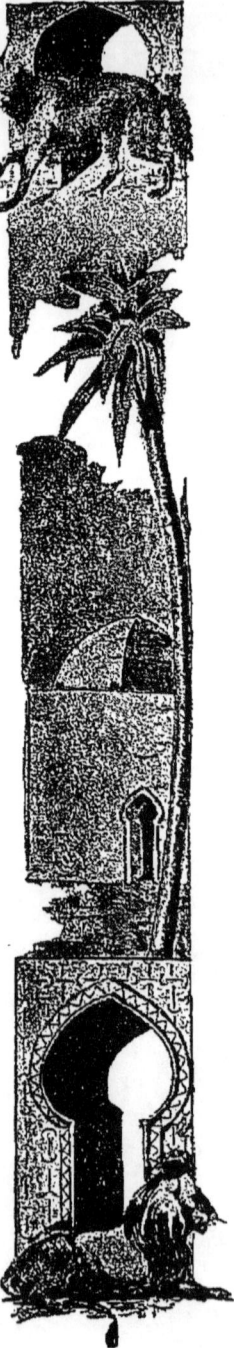

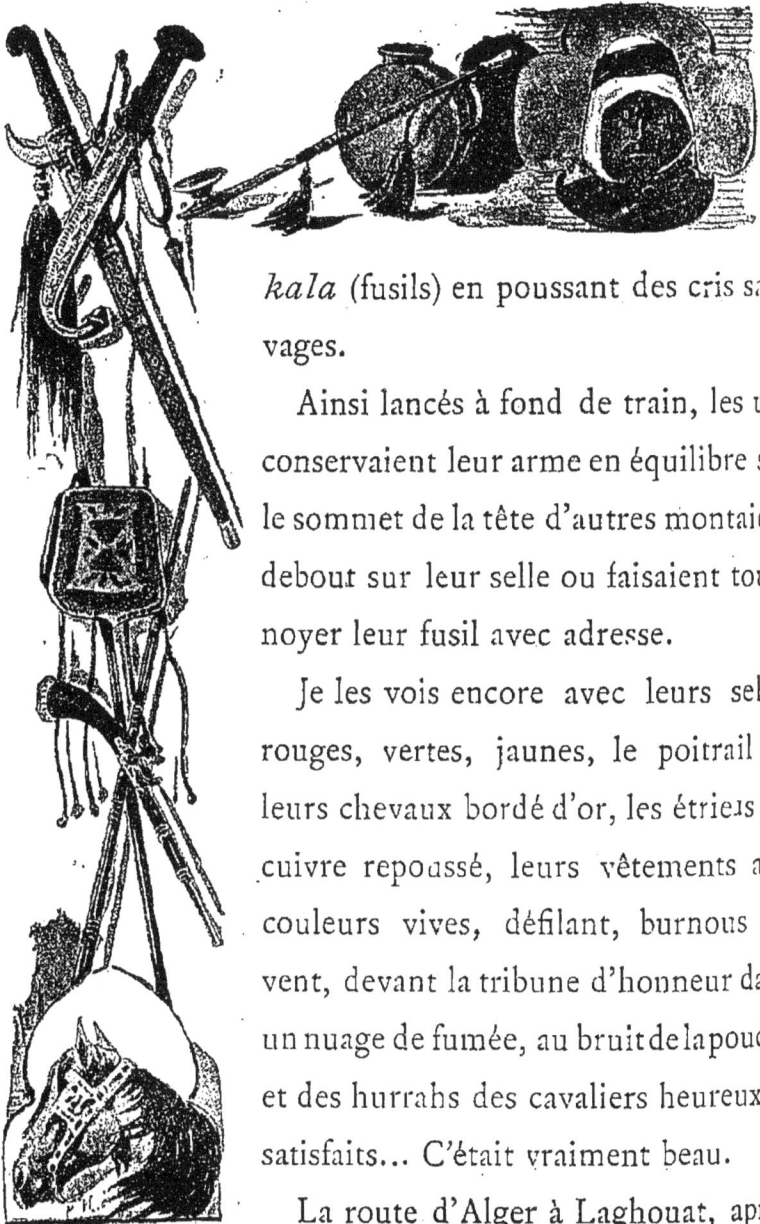

*kala* (fusils) en poussant des cris sauvages.

Ainsi lancés à fond de train, les uns
conservaient leur arme en équilibre sur
le sommet de la tête d'autres montaient
debout sur leur selle ou faisaient tour-
noyer leur fusil avec adresse.

Je les vois encore avec leurs selles
rouges, vertes, jaunes, le poitrail de
leurs chevaux bordé d'or, les étriers en
cuivre repoussé, leurs vêtements aux
couleurs vives, défilant, burnous au
vent, devant la tribune d'honneur dans
un nuage de fumée, au bruit de la poudre
et des hurrahs des cavaliers heureux et
satisfaits... C'était vraiment beau.

La route d'Alger à Laghouat, après

avoir traversé le village de *Béni-Méred*
où se trouve la colonne élevée en souvenir du beau fait d'armes où le sergent
Blandan s'illustra avec une poignée de
braves, arrive à Blidah et se déroule
ensuite comme un long ruban en plein
soleil. A la Chiffa, elle traverse la rivière fort large en cet endroit sur un
pont en pierre et en fer, véritable
chef-d'œuvre, puis entre dans les
gorges où les montagnes, enchevêtrés
de chaque côté, présentent un spectacle grandiose.

Figurez-vous une série de monts, de
cols, de pics couronnés par des forêts
de chênes liège, la route est comme

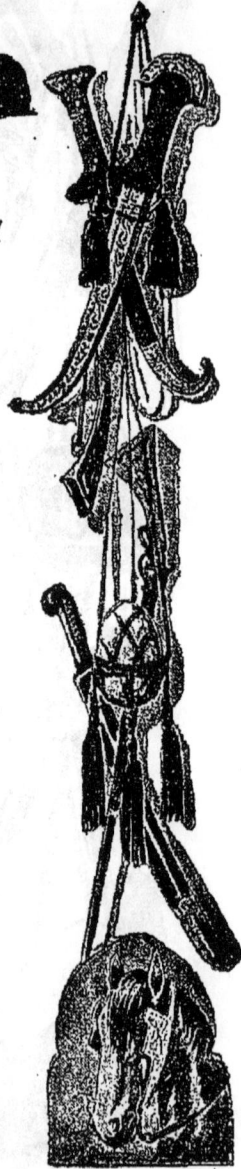

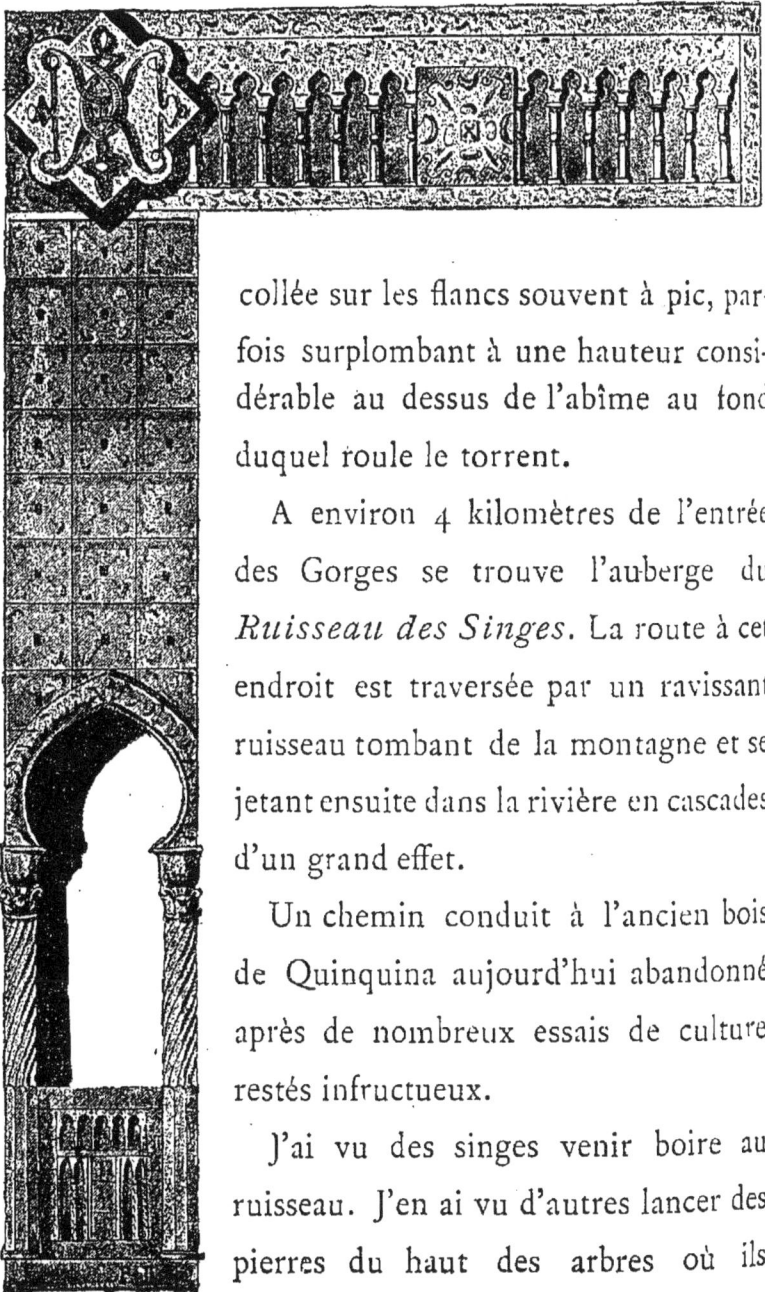

collée sur les flancs souvent à pic, parfois surplombant à une hauteur consi-
dérable au dessus de l'abîme au fond
duquel roule le torrent.

A environ 4 kilomètres de l'entrée
des Gorges se trouve l'auberge du
*Ruisseau des Singes*. La route à cet
endroit est traversée par un ravissant
ruisseau tombant de la montagne et se
jetant ensuite dans la rivière en cascades
d'un grand effet.

Un chemin conduit à l'ancien bois
de Quinquina aujourd'hui abandonné
après de nombreux essais de culture
restés infructueux.

J'ai vu des singes venir boire au
ruisseau. J'en ai vu d'autres lancer des
pierres du haut des arbres où ils

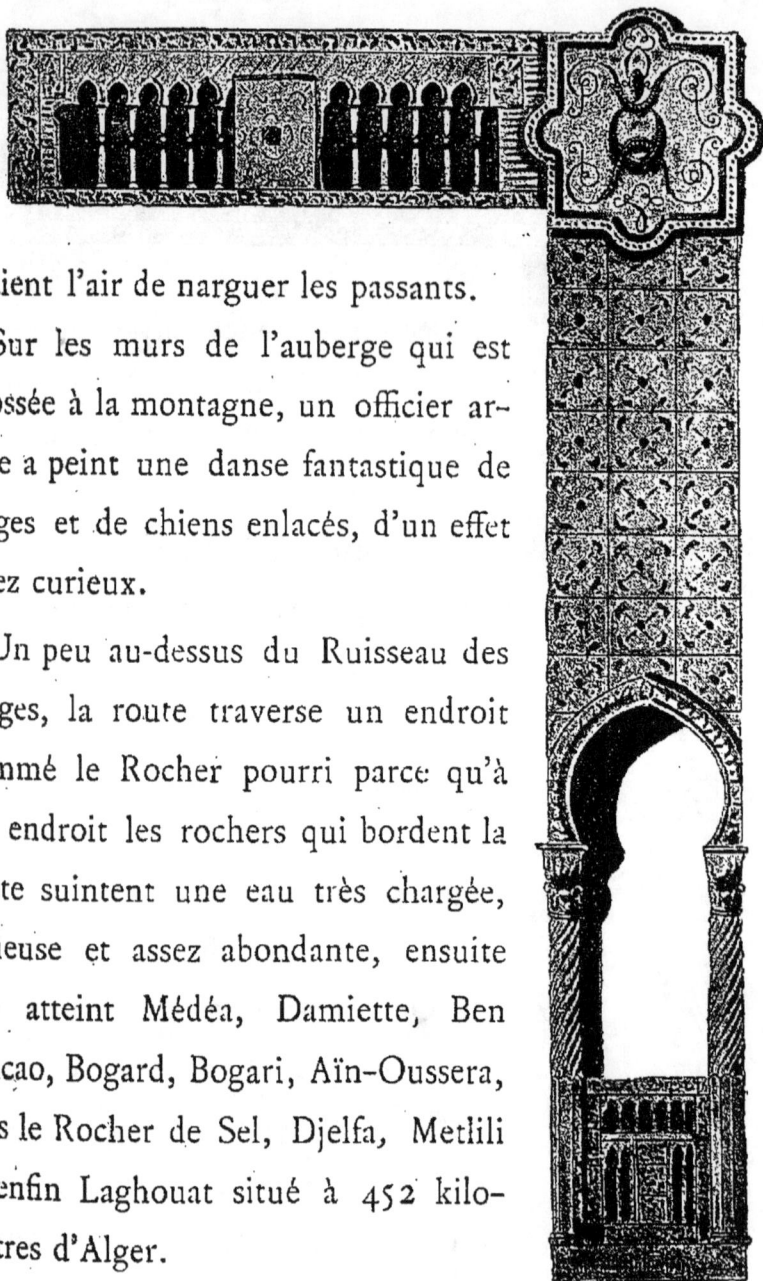

avaient l'air de narguer les passants.

Sur les murs de l'auberge qui est adossée à la montagne, un officier artiste a peint une danse fantastique de singes et de chiens enlacés, d'un effet assez curieux.

Un peu au-dessus du Ruisseau des Singes, la route traverse un endroit nommé le Rocher pourri parce qu'à cet endroit les rochers qui bordent la route suintent une eau très chargée, boueuse et assez abondante, ensuite elle atteint Médéa, Damiette, Ben Chicao, Bogard, Bogari, Aïn-Oussera, puis le Rocher de Sel, Djelfa, Metlili et enfin Laghouat situé à 452 kilomètres d'Alger.

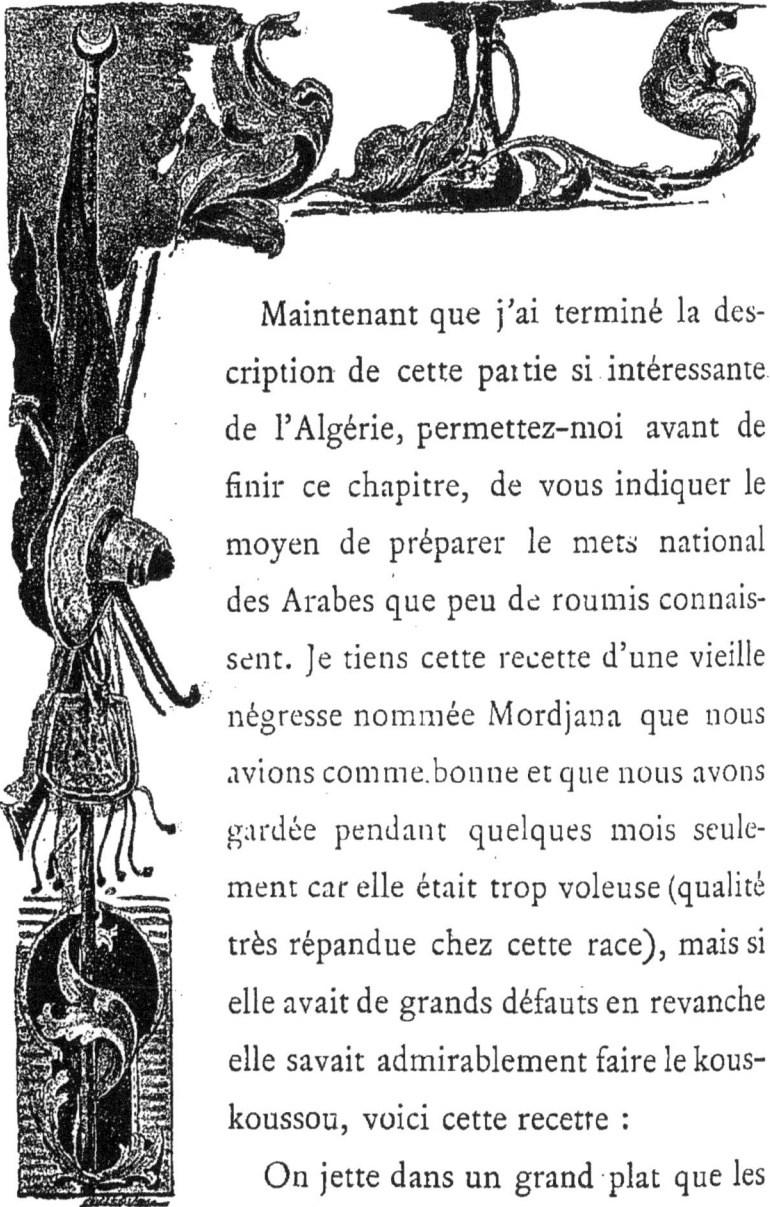

Maintenant que j'ai terminé la description de cette partie si intéressante de l'Algérie, permettez-moi avant de finir ce chapitre, de vous indiquer le moyen de préparer le mets national des Arabes que peu de roumis connaissent. Je tiens cette recette d'une vieille négresse nommée Mordjana que nous avions comme bonne et que nous avons gardée pendant quelques mois seulement car elle était trop voleuse (qualité très répandue chez cette race), mais si elle avait de grands défauts en revanche elle savait admirablement faire le kouskoussou, voici cette recette :

On jette dans un grand plat que les

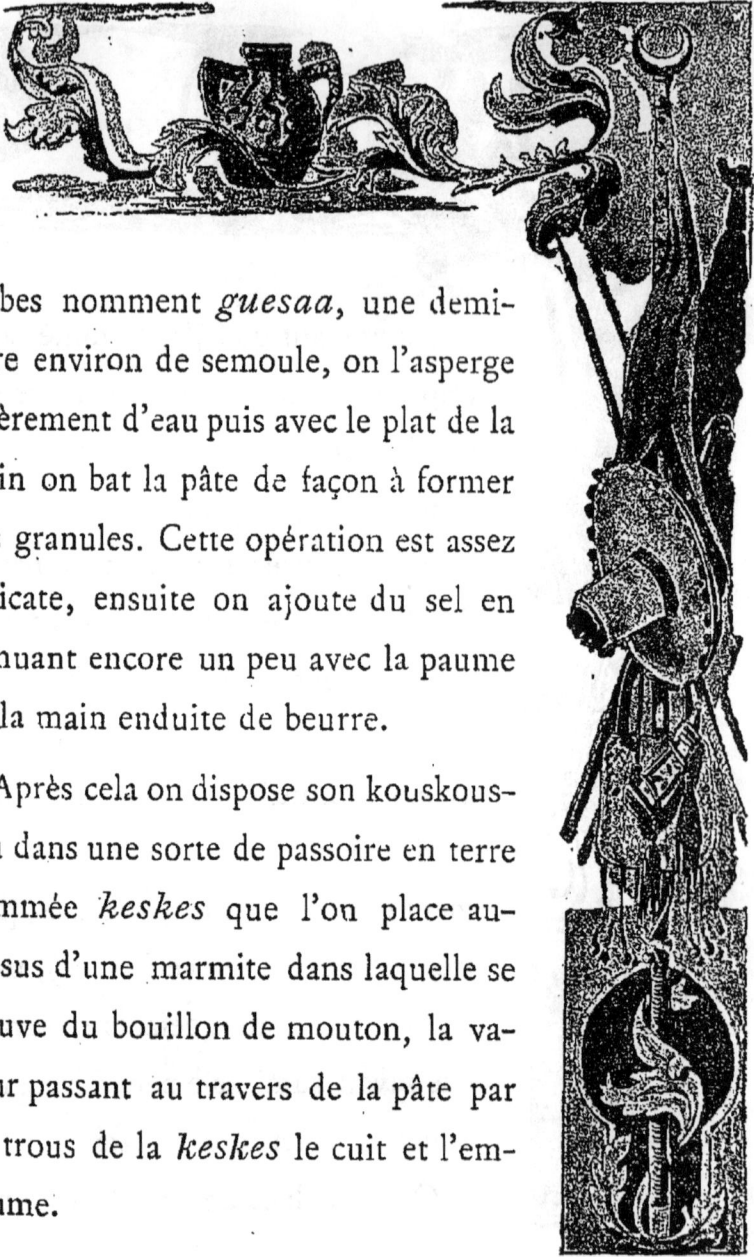

arabes nomment *guesaa*, une demi-
livre environ de semoule, on l'asperge
légèrement d'eau puis avec le plat de la
main on bat la pâte de façon à former
des granules. Cette opération est assez
délicate, ensuite on ajoute du sel en
remuant encore un peu avec la paume
de la main enduite de beurre.

Après cela on dispose son kouskoussou dans une sorte de passoire en terre
nommée *keskes* que l'on place au-
dessus d'une marmite dans laquelle se
trouve du bouillon de mouton, la vapeur passant au travers de la pâte par
les trous de la *keskes* le cuit et l'em-
baume.

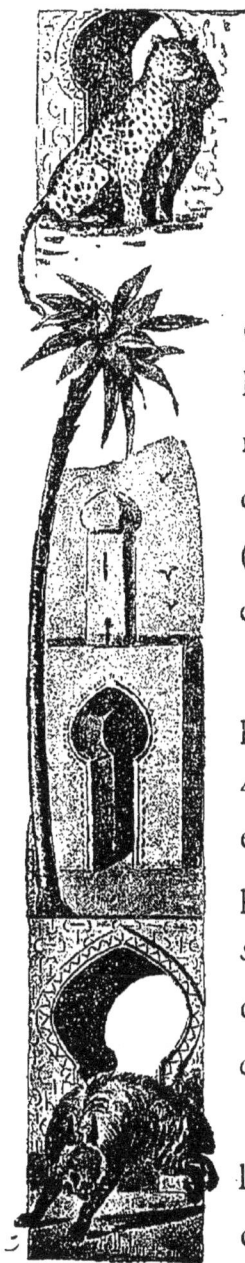

On sert le kouskoussou ainsi préparé
en y ajoutant un peu de bouillon ou de
lait et plaçant dessus des morceaux de
mouton rôti sur la braise ou bien encore des morceaux de *Bou-Zellouf*
(tête de mouton) bouillie et assaisonnée
d'une sauce fortement pimentée.

Ce mets se sert généralement sur de
petites tables élevées de terre d'environ
40 ou 50 centimètres et dans des plats
en terre ou en bois placés dans d'autres
plats en cuivre nommés *Seffria mtâa
seffra*. On est assis à l'orientale sur
des nattes ou des coussins placés autour
de la table.

On déchire la viande avec les dents,
le Coran défendant de piquer ou de
couper les aliments, donc fourchettes

et couteaux sont à table choses in-
connues.

Une gargoulette en terre remplie
d'eau sert à la société qui boit à même
à tour de rôle.

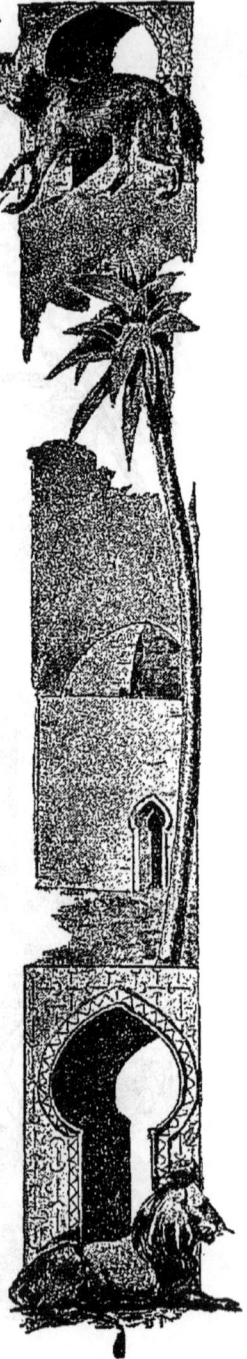

## IV

Il ne me reste plus qu'à vous donner quelques détails complémentaires sur la nature de l'arabe, son caractère, sa façon de nous juger.

L'arabe, comme vous le savez, est d'une belle et mâle nature, mais d'une belle nature sauvage, si je puis m'exprimer ainsi. J'entends par là qu'il n'admet et ne reconnaît guère que les lois inspirées par la nature elle-même, qu'il ne cherche jamais à surmener ses forces corporelles ou intellectuelles tout en en usant largement et qu'il a

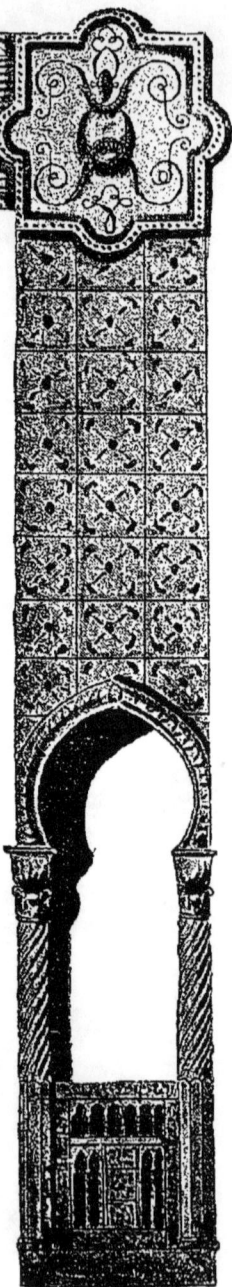

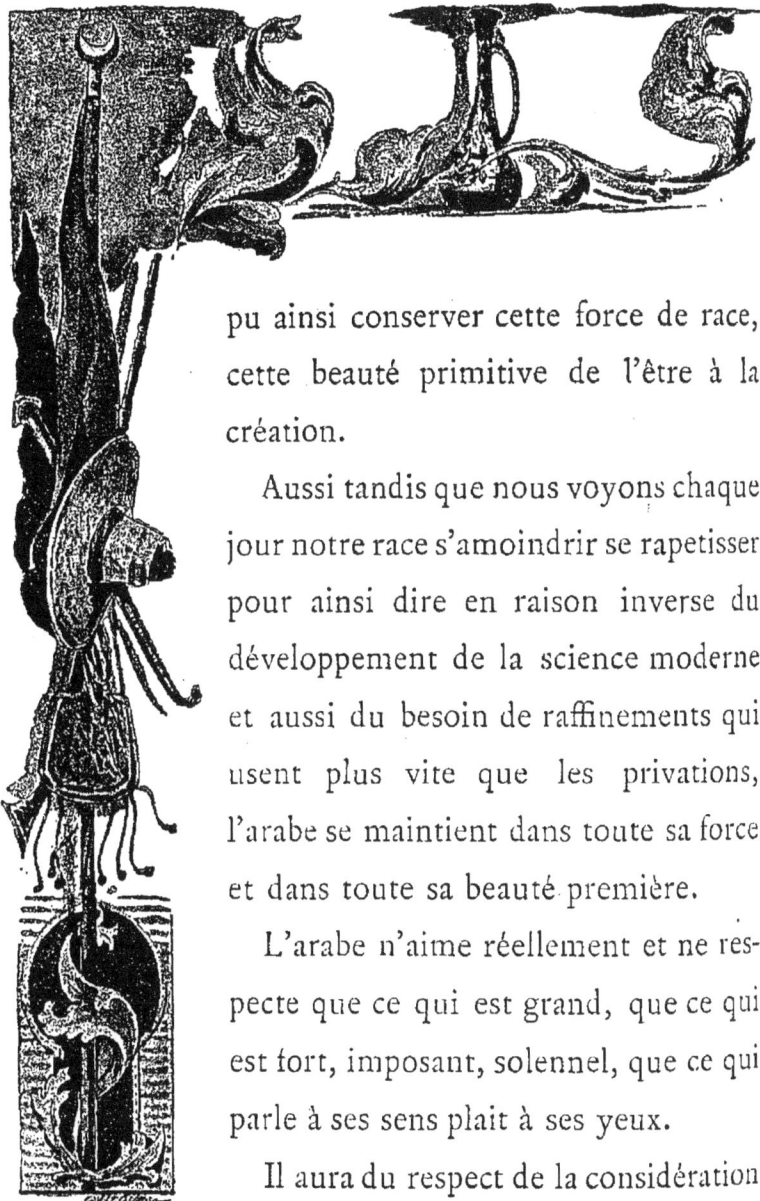

pu ainsi conserver cette force de race, cette beauté primitive de l'être à la création.

Aussi tandis que nous voyons chaque jour notre race s'amoindrir se rapetisser pour ainsi dire en raison inverse du développement de la science moderne et aussi du besoin de raffinements qui usent plus vite que les privations, l'arabe se maintient dans toute sa force et dans toute sa beauté première.

L'arabe n'aime réellement et ne respecte que ce qui est grand, que ce qui est fort, imposant, solennel, que ce qui parle à ses sens plait à ses yeux.

Il aura du respect de la considération

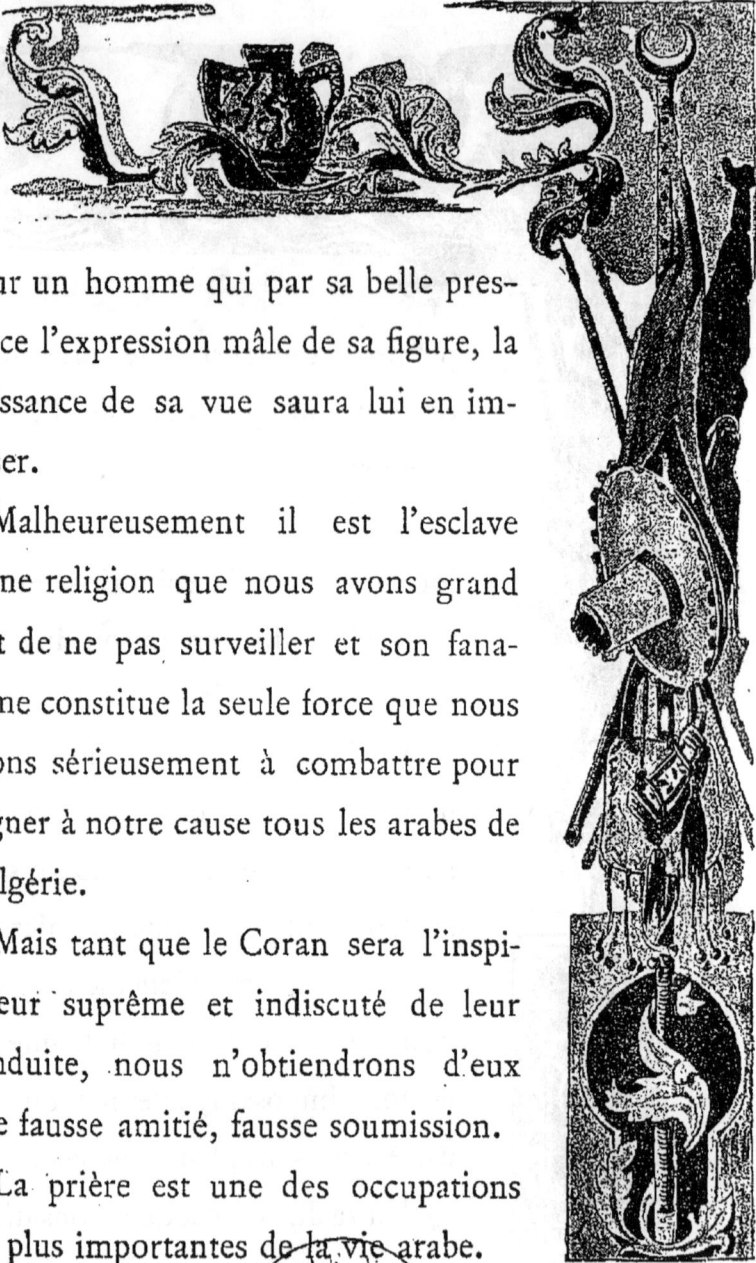

pour un homme qui par sa belle pres-
tance l'expression mâle de sa figure, la
puissance de sa vue saura lui en imposer.

Malheureusement il est l'esclave
d'une religion que nous avons grand
tort de ne pas surveiller et son fanatisme constitue la seule force que nous
ayons sérieusement à combattre pour
gagner à notre cause tous les arabes de
l'Algérie.

Mais tant que le Coran sera l'inspi-
rateur suprême et indiscuté de leur
conduite, nous n'obtiendrons d'eux
que fausse amitié, fausse soumission.

La prière est une des occupations
les plus importantes de la vie arabe.

Trois fois par jour, le matin au lever du soleil, dans l'après-midi vers trois heures et le soir au coucher du soleil, tout bon croyant se prosterne et fait sa prière, le voyageur s'arrête et le cavalier descend de sa monture.

Tous ont la même façon de prier, l'invocation seule change.

Ainsi dans le Tell voici la formule employée :

Pour la prière du matin et celle du soir, cent fois de suite les deux mots : « *Dieu pardonne* » cent fois une autre invocation particulière et enfin cent fois « *Dieu est Dieu, Mohamed est l'apôtre de Dieu.* » A trois heures les mêmes invocations mais seulement cinquante fois.

Chaque croyant possède un chapelet qu'il porte continuellement sur lui et qui lui sert à compter ses invocations.

Jamais on interrompt un arabe pendant qu'il prie, du reste il est tout entier à sa prière et rien ne saurait le distraire.

Les femmes n'ayant aucuns droits ne prient pas et ne se rendent jamais à la mosquée dont l'entrée du reste leur est interdite.

Que nous laissions ces braves gens prier librement rien de plus juste, ils ne sauraient nuire à nos intérêts en priant ainsi dans le désert, mais il est d'autres pratiques religieuses qu'il serait bon de surveiller de près peut-être même d'empêcher car elles entretiennent et développent chez l'indigène un

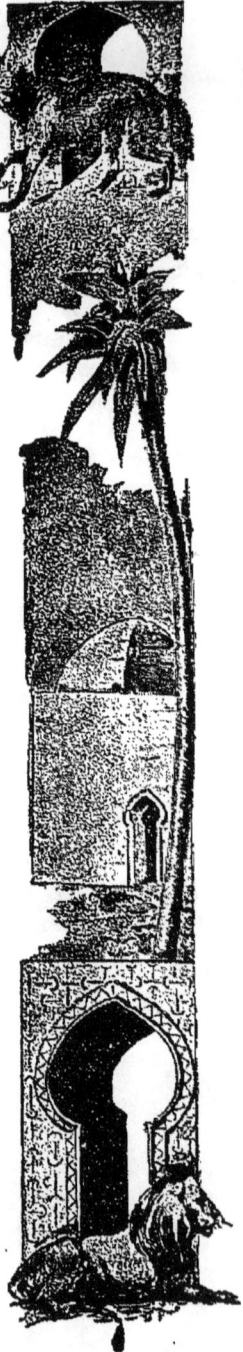

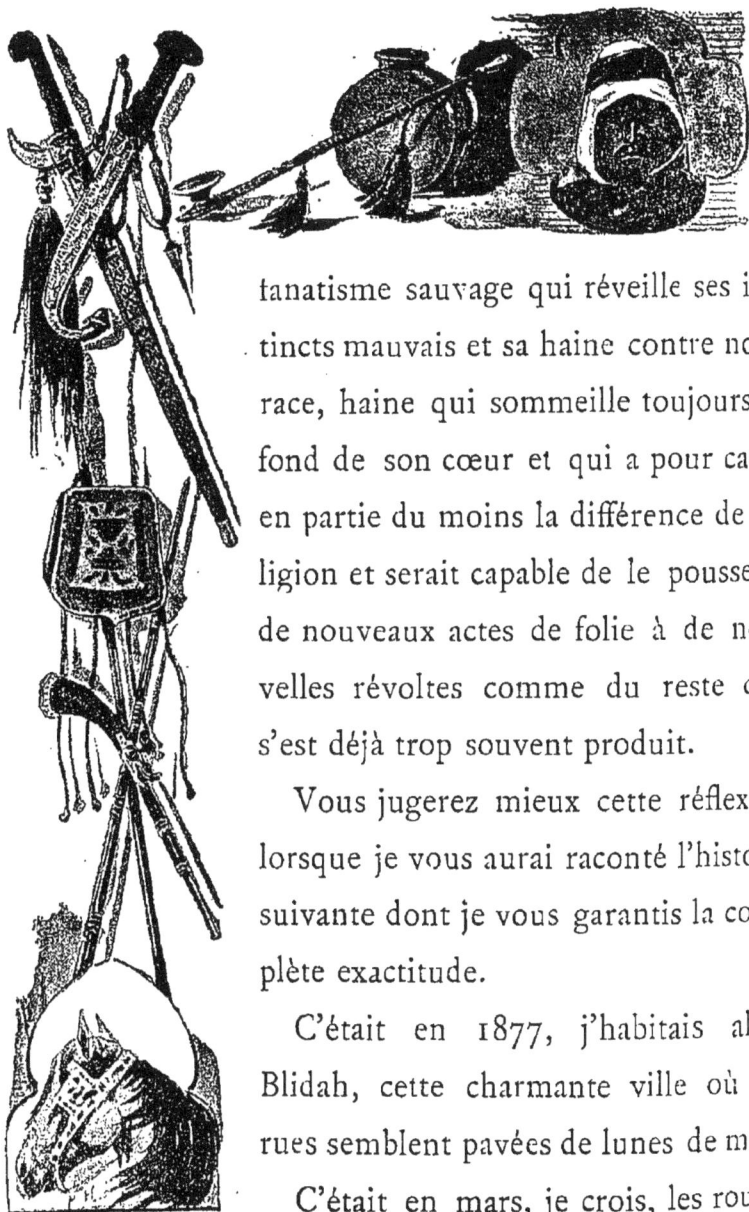

fanatisme sauvage qui réveille ses ins-
tincts mauvais et sa haine contre notre
race, haine qui sommeille toujours au
fond de son cœur et qui a pour cause
en partie du moins la différence de religion et serait capable de le pousser à
de nouveaux actes de folie à de nouvelles révoltes comme du reste cela
s'est déjà trop souvent produit.

Vous jugerez mieux cette réflexion
lorsque je vous aurai raconté l'histoire
suivante dont je vous garantis la complète exactitude.

C'était en 1877, j'habitais alors
Blidah, cette charmante ville où les
rues semblent pavées de lunes de miel.

C'était en mars, je crois, les routes

furent encombrées pendant trois jours
par de nombreuses caravanes se ren-
dant en procession au marabout de
Sidi-Kébir. C'était à l'occasion des
fêtes de *Mouloud* (la nouvelle année).

Ces caravanes avaient toutes à leur
tête leur marabout accompagné de l'é-
tendard du prophète et escorté d'une
musique composée de tambours et de
fifres jouant lentement, elles se sui-
vaient processionnellement et dans le
plus grand ordre.

Il est à remarquer que ces nombreux
pèlerins font presque tous partie de
confréries, sortes de sociétés secrètes
dont une des plus redoutables sinon la

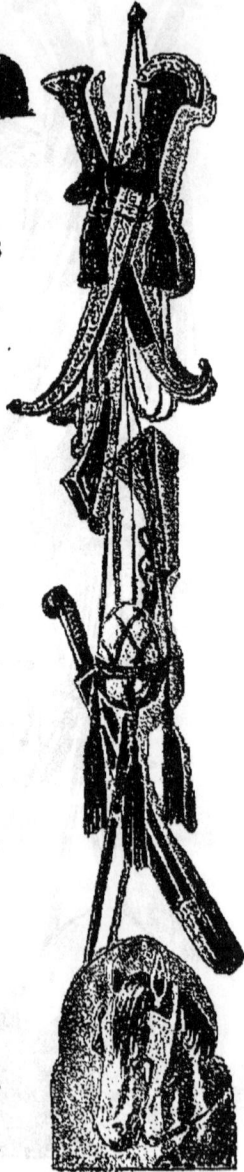

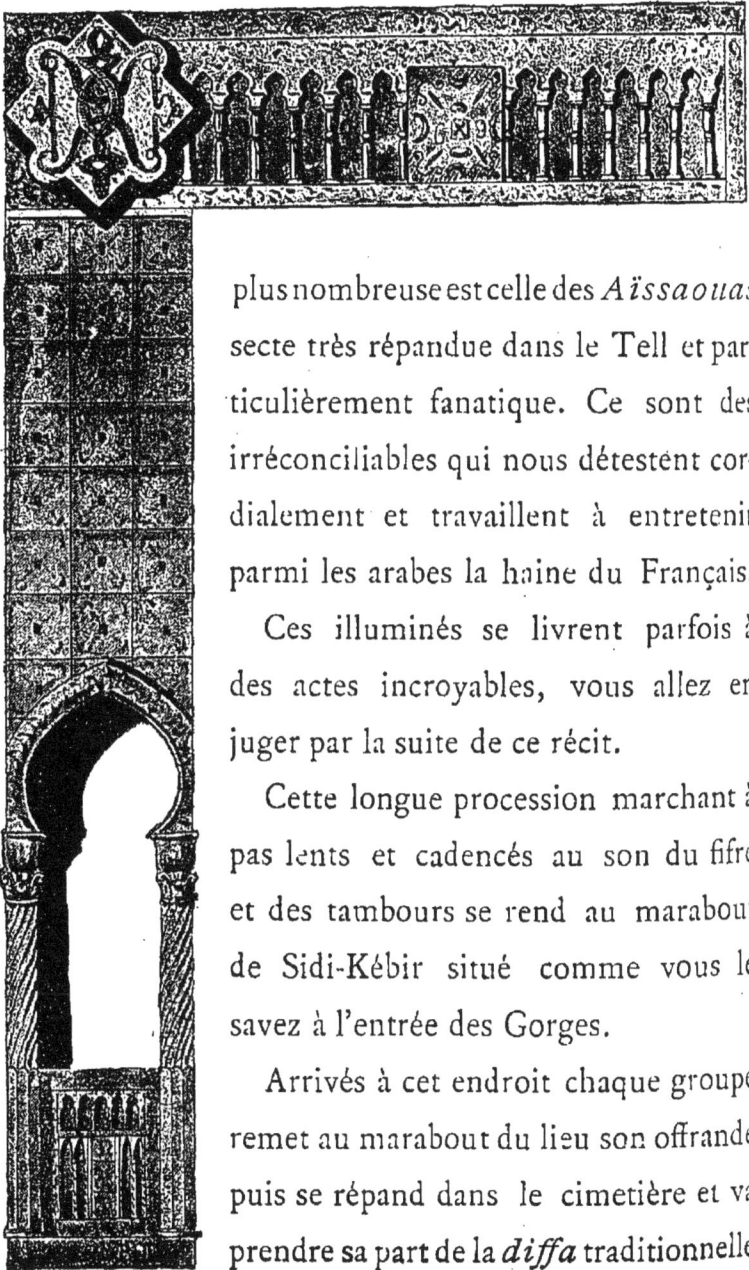

plus nombreuse est celle des *Aïssaouas* secte très répandue dans le Tell et particulièrement fanatique. Ce sont des irréconciliables qui nous détestent cordialement et travaillent à entretenir parmi les arabes la haine du Français.

Ces illuminés se livrent parfois à des actes incroyables, vous allez en juger par la suite de ce récit.

Cette longue procession marchant à pas lents et cadencés au son du fifre et des tambours se rend au marabout de Sidi-Kébir situé comme vous le savez à l'entrée des Gorges.

Arrivés à cet endroit chaque groupe remet au marabout du lieu son offrande puis se répand dans le cimetière et va prendre sa part de la *diffa* traditionnelle

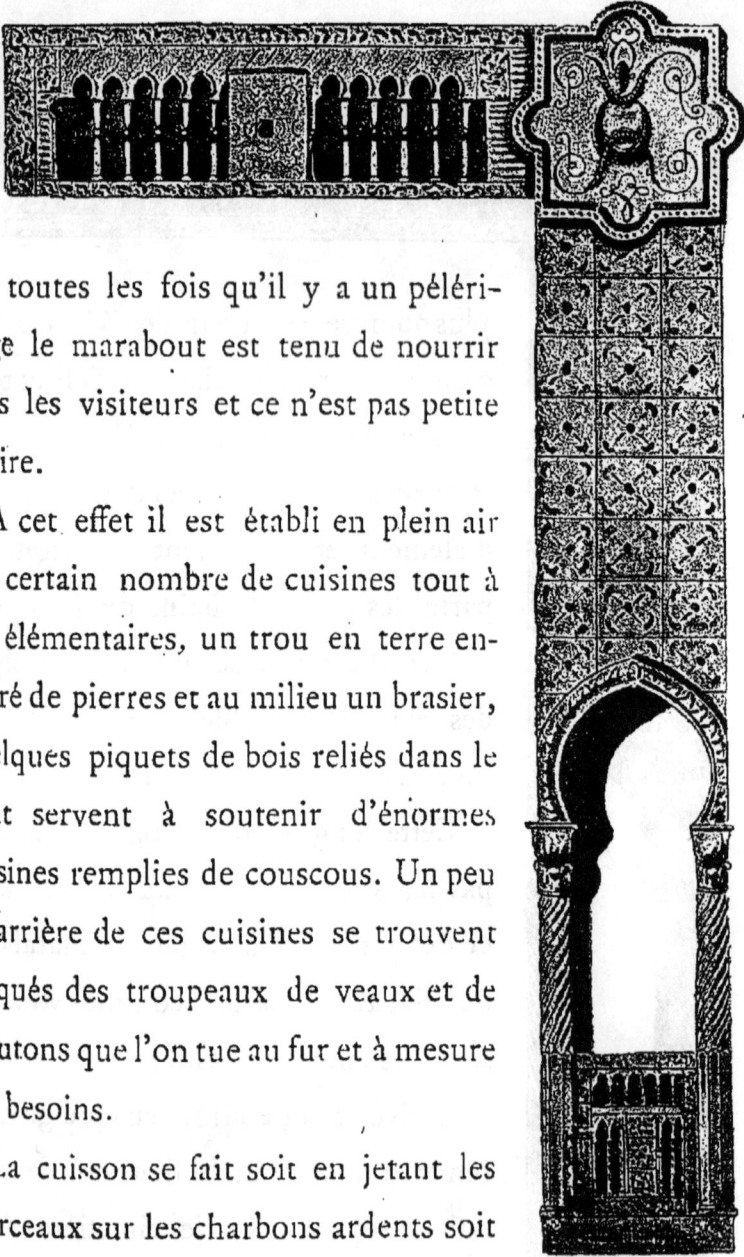

car toutes les fois qu'il y a un pélérinage le marabout est tenu de nourrir
tous les visiteurs et ce n'est pas petite
affaire.

A cet effet il est établi en plein air
un certain nombre de cuisines tout à
fait élémentaires, un trou en terre entouré de pierres et au milieu un brasier,
quelques piquets de bois reliés dans le
haut servent à soutenir d'énormes
bassines remplies de couscous. Un peu
en arrière de ces cuisines se trouvent
parqués des troupeaux de veaux et de
moutons que l'on tue au fur et à mesure
des besoins.

La cuisson se fait soit en jetant les
morceaux sur les charbons ardents soit

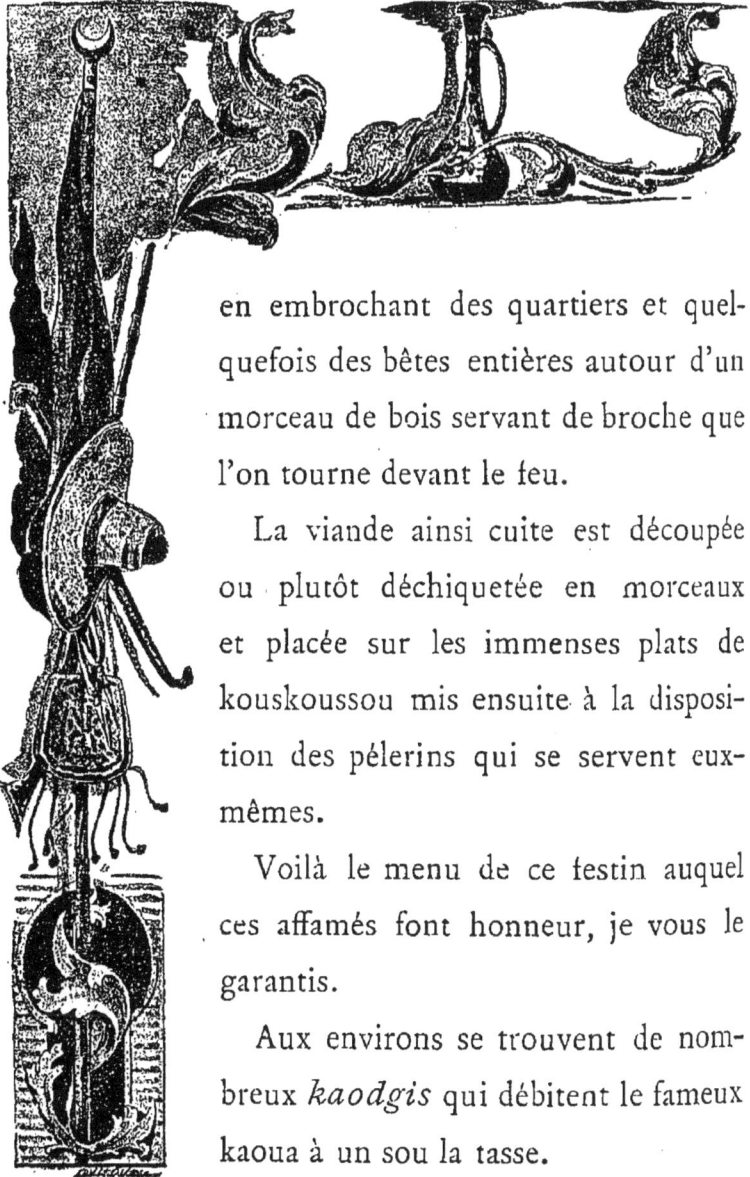

en embrochant des quartiers et quelquefois des bêtes entières autour d'un
morceau de bois servant de broche que
l'on tourne devant le feu.

La viande ainsi cuite est découpée
ou plutôt déchiquetée en morceaux
et placée sur les immenses plats de
kouskoussou mis ensuite à la disposi-
tion des pélerins qui se servent eux-
mêmes.

Voilà le menu de ce festin auquel
ces affamés font honneur, je vous le
garantis.

Aux environs se trouvent de nombreux *kaodgis* qui débitent le fameux
kaoua à un sou la tasse.

On voit alors se former des groupes
et tous ces bons croyants assis ou plutôt accroupis sur la terre, boivent leur
café en fumant d'innombrables cigarettes d'un excellent tabac fin et blond,
parlant peu, rêvant beaucoup.

Le cimetière est situé sur le penchant de la montagne et placé en amphithéâtre, dans le haut, les femmes
de la tribu voisine (les Beni-Salah)
sont rangées enroulées dans leur *haick*
rouge et entièrement voilées, elles se
tiennent là comme de véritables statues
et font entendre de temps en temps
leur *you-you* sorte de cri qui res-
semble au gloussement du dindon.

Dans le bas les arabes forment des

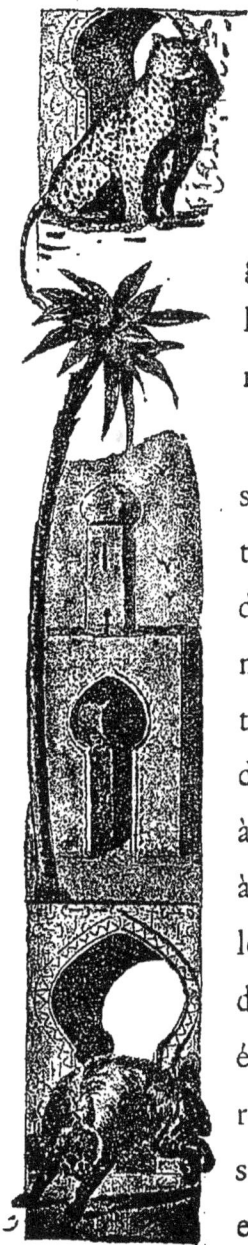

groupes où se joue, sous l'empire de l'exaltation religieuse, une scène vraiment incroyable.

Les arabes sont assis en cercle et observent le plus profond silence. Les tambours et les fifres accélèrent la cadence et au bout de quelques instants, mus comme par un ressort, les assistants se lèvent et commencent une danse en rond en poussant de temps à autre des cris de bêtes fauves. Tout-à-coup tous ces danseurs reprennent leur place continuant à jeter leur tête de droite à gauche dans un mouvement étrange dans le but d'entretenir la surrexcitation acquise, puis un de ces fous se lève, se place au milieu du cercle et exécute une danse ou plutôt une série

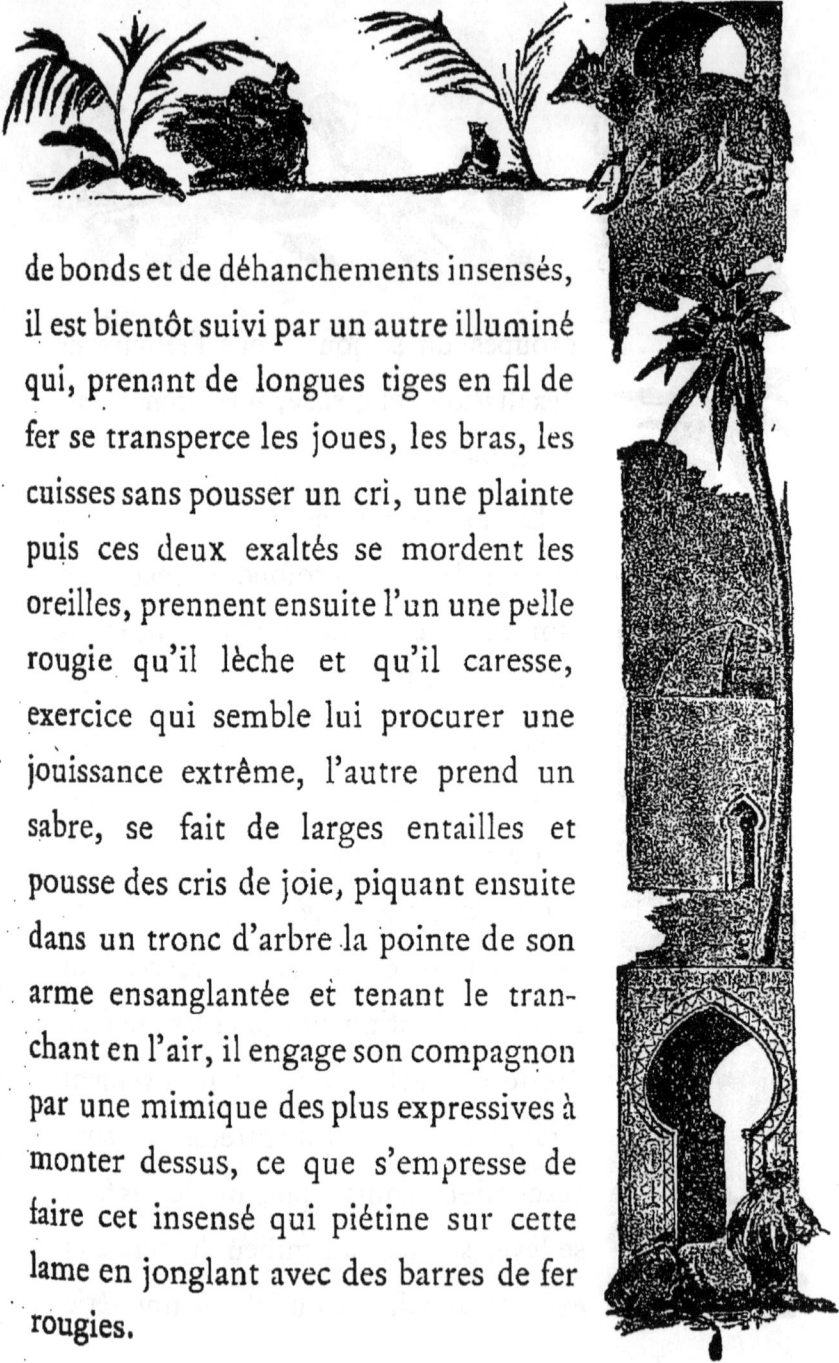

de bonds et de déhanchements insensés, il est bientôt suivi par un autre illuminé qui, prenant de longues tiges en fil de fer se transperce les joues, les bras, les cuisses sans pousser un cri, une plainte puis ces deux exaltés se mordent les oreilles, prennent ensuite l'un une pelle rougie qu'il lèche et qu'il caresse, exercice qui semble lui procurer une jouissance extrême, l'autre prend un sabre, se fait de larges entailles et pousse des cris de joie, piquant ensuite dans un tronc d'arbre la pointe de son arme ensanglantée et tenant le tranchant en l'air, il engage son compagnon par une mimique des plus expressives à monter dessus, ce que s'empresse de faire cet insensé qui piétine sur cette lame en jonglant avec des barres de fer rougies.

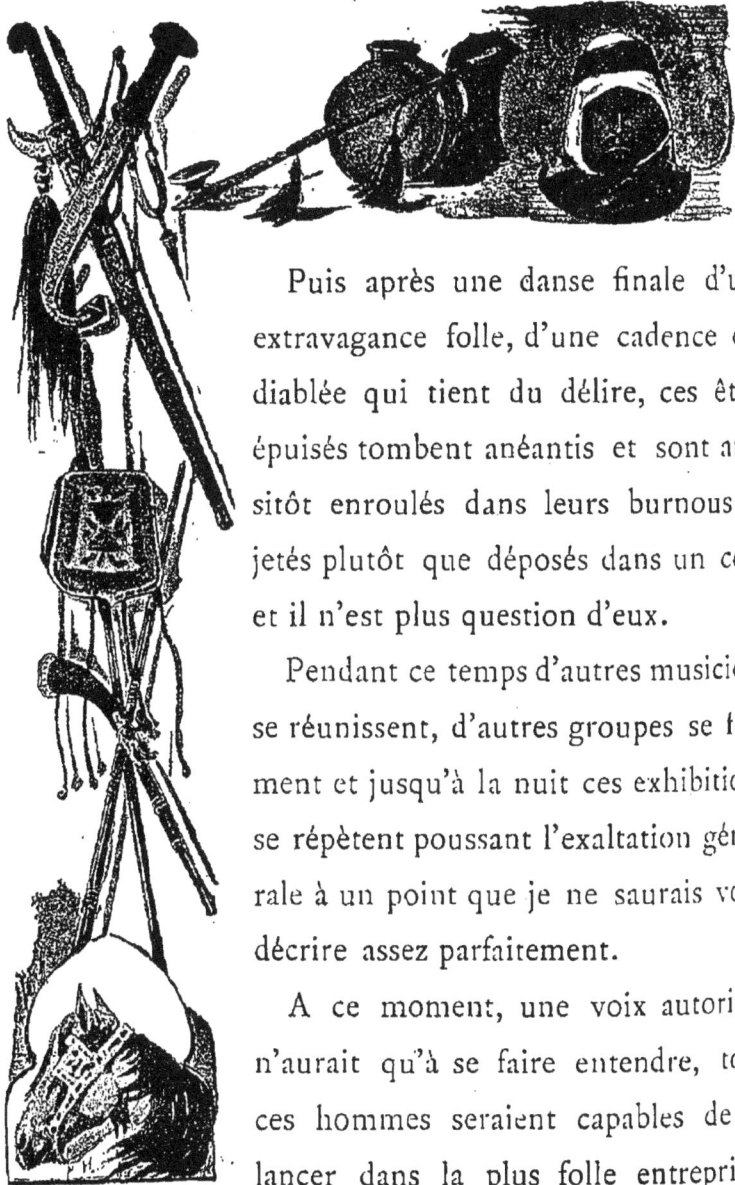

Puis après une danse finale d'une extravagance folle, d'une cadence endiablée qui tient du délire, ces êtres épuisés tombent anéantis et sont aussitôt enroulés dans leurs burnous et jetés plutôt que déposés dans un coin et il n'est plus question d'eux.

Pendant ce temps d'autres musiciens se réunissent, d'autres groupes se forment et jusqu'à la nuit ces exhibitions se répètent poussant l'exaltation générale à un point que je ne saurais vous décrire assez parfaitement.

A ce moment, une voix autorisée n'aurait qu'à se faire entendre, tous ces hommes seraient capables de se lancer dans la plus folle entreprise,

dans la plus sauvage révolte et ils accompliraient ces actes avec une fureur, une force et une sauvagerie incroyable.

On revient de cet odieux spectacle avec une inquiétude vague au cœur, un profond dégoût d'avoir assisté à pareille exhibition.

Ne serait-il pas plus prudent en même temps que plus humain d'empêcher ces scènes barbares et d'un autre temps qui se produisent encore aujourd'hui publiquement.

Que l'on restreigne donc, que l'on empêche même ces insultes à la civilisation, c'est le devoir de la reine du monde civilisée, de la France, elle le

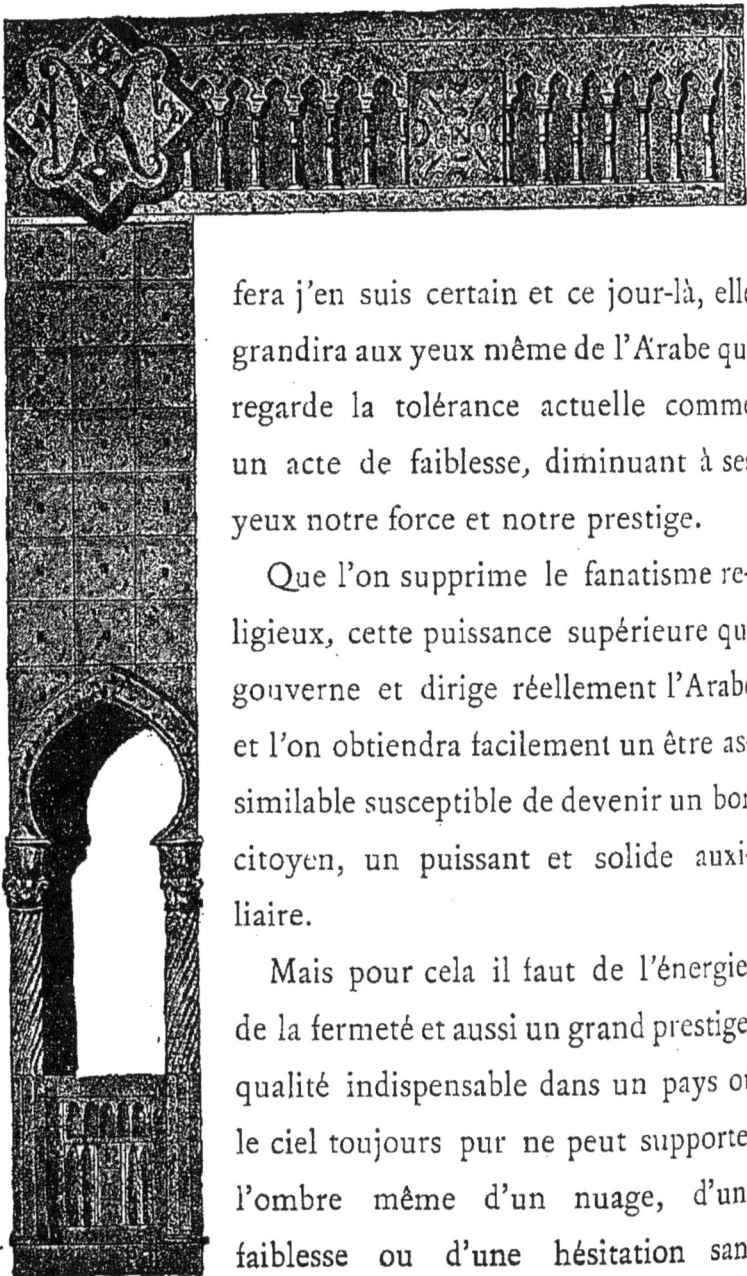

fera j'en suis certain et ce jour-là, elle grandira aux yeux même de l'Arabe qui regarde la tolérance actuelle comme un acte de faiblesse, diminuant à ses yeux notre force et notre prestige.

Que l'on supprime le fanatisme religieux, cette puissance supérieure qui gouverne et dirige réellement l'Arabe et l'on obtiendra facilement un être assimilable susceptible de devenir un bon citoyen, un puissant et solide auxiliaire.

Mais pour cela il faut de l'énergie, de la fermeté et aussi un grand prestige, qualité indispensable dans un pays où le ciel toujours pur ne peut supporter l'ombre même d'un nuage, d'une faiblesse ou d'une hésitation sans

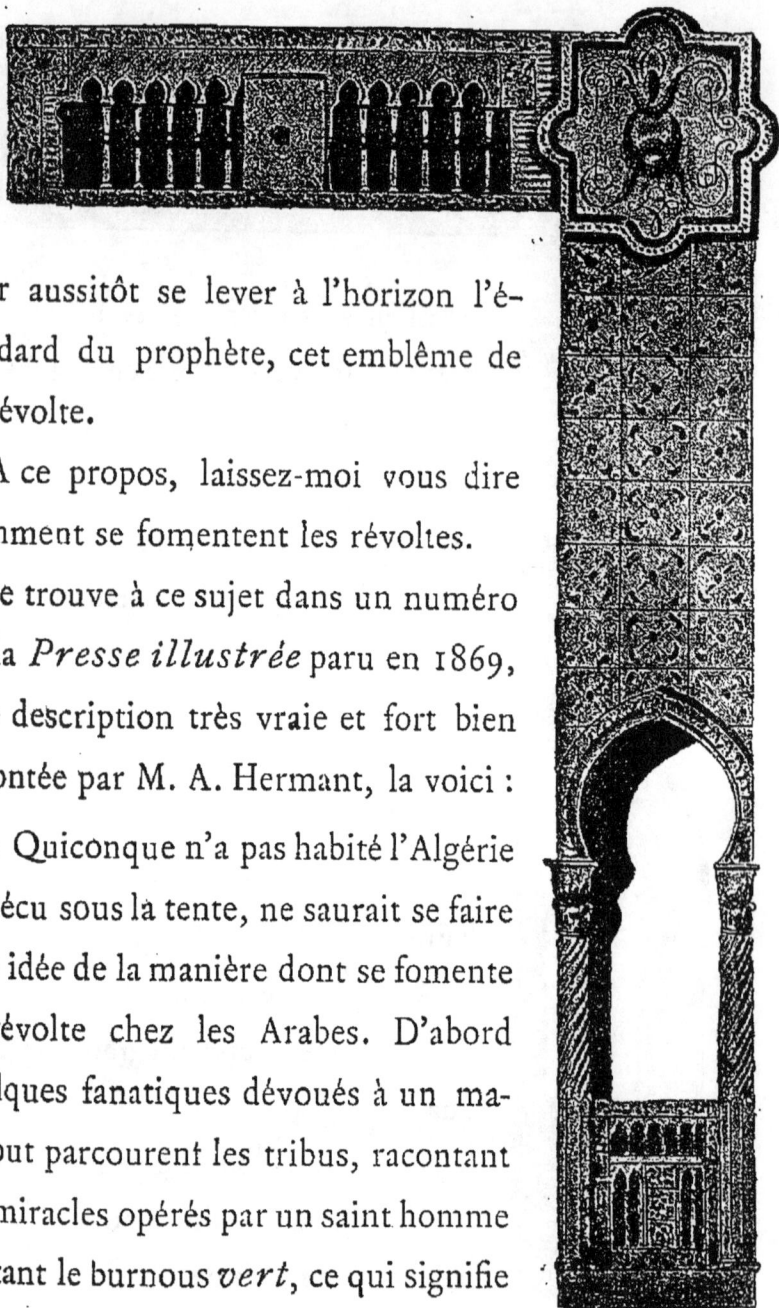

voir aussitôt se lever à l'horizon l'é-
tendard du prophète, cet emblême de
la révolte.

A ce propos, laissez-moi vous dire
comment se fomentent les révoltes.

Je trouve à ce sujet dans un numéro
de la *Presse illustrée* paru en 1869,
une description très vraie et fort bien
racontée par M. A. Hermant, la voici :

« Quiconque n'a pas habité l'Algérie
et vécu sous la tente, ne saurait se faire
une idée de la manière dont se fomente
la révolte chez les Arabes. D'abord
quelques fanatiques dévoués à un marabout parcourent les tribus, racontant
les miracles opérés par un saint homme
portant le burnous *vert*, ce qui signifie

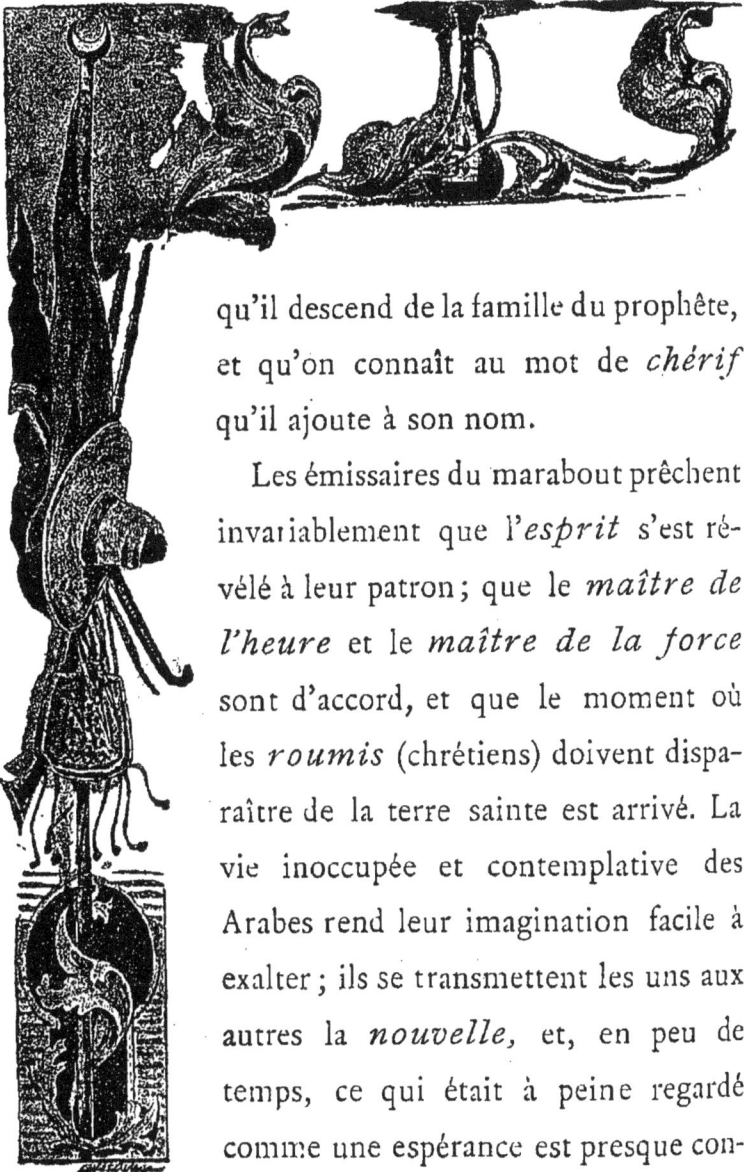

qu'il descend de la famille du prophête, et qu'on connaît au mot de *chérif* qu'il ajoute à son nom.

Les émissaires du marabout prêchent invariablement que l'*esprit* s'est révélé à leur patron ; que le *maître de l'heure* et le *maître de la force* sont d'accord, et que le moment où les *roumis* (chrétiens) doivent disparaître de la terre sainte est arrivé. La vie inoccupée et contemplative des Arabes rend leur imagination facile à exalter ; ils se transmettent les uns aux autres la *nouvelle,* et, en peu de temps, ce qui était à peine regardé comme une espérance est presque con-

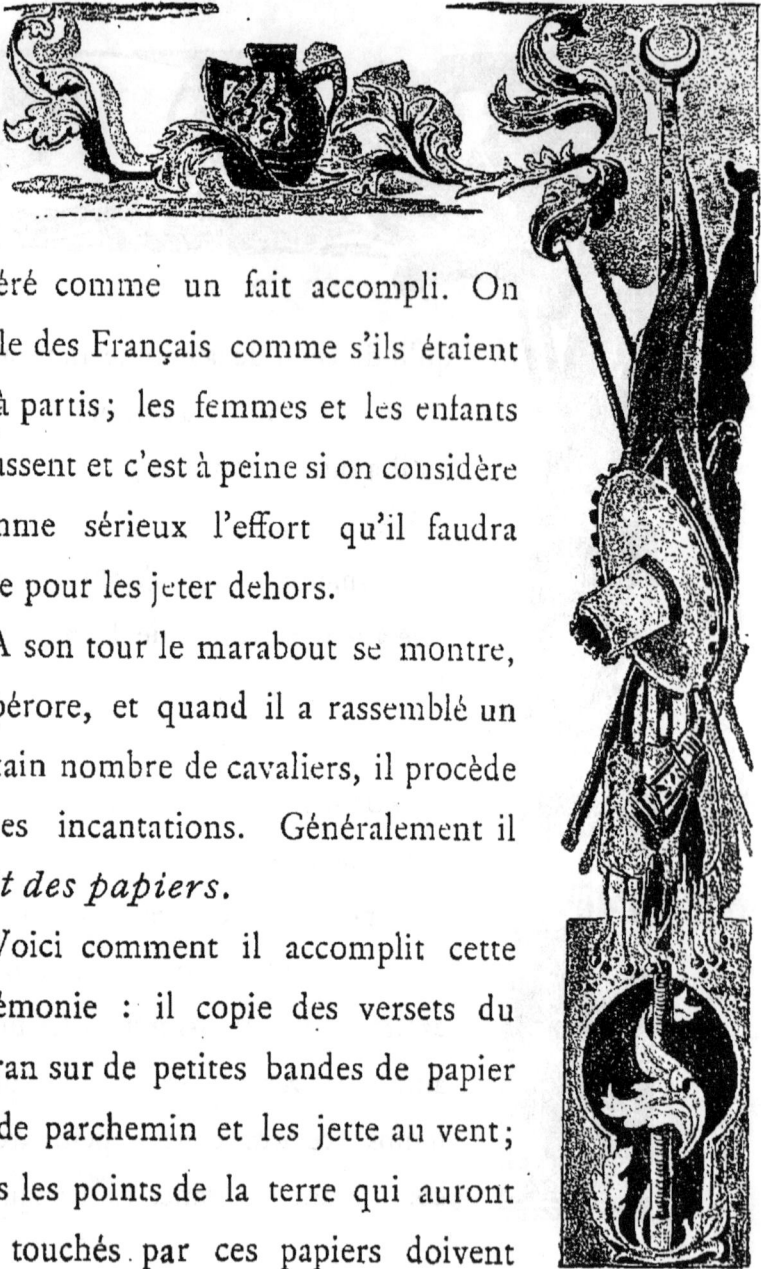

sidéré comme un fait accompli. On parle des Français comme s'ils étaient déjà partis ; les femmes et les enfants jacassent et c'est à peine si on considère comme sérieux l'effort qu'il faudra faire pour les jeter dehors.

A son tour le marabout se montre, il pérore, et quand il a rassemblé un certain nombre de cavaliers, il procède à ces incantations. Généralement il *fait des papiers.*

Voici comment il accomplit cette cérémonie : il copie des versets du Coran sur de petites bandes de papier ou de parchemin et les jette au vent ; tous les points de la terre qui auront été touchés par ces papiers doivent

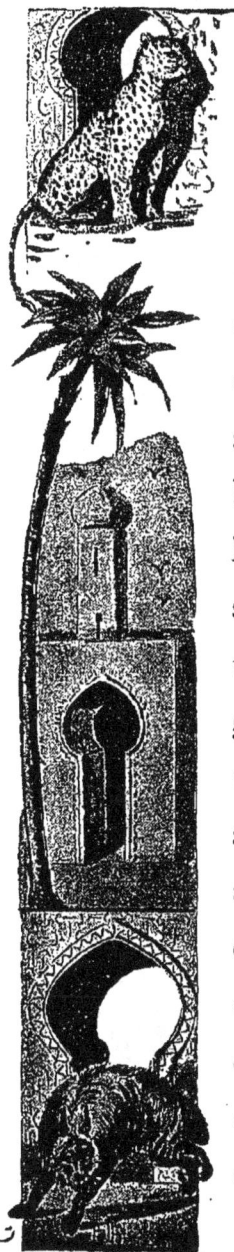

s'entrouvrir sous les pieds des infidèles et les engloutir. Les femmes poussent des *ya ya* d'allégresse et les cavaliers se mettent à courir dans la plaine en brandissant leurs armes, menaçant l'ennemi et faisant *parler la poudre* s'ils en possèdent. Cette exaltation activée par le soleil d'Afrique se traduit généralement en une agression contre une ferme européenne ou une tribu soumise; le Rubicon est franchi, on appelle tous les amis aux armes et en quelques jours trois ou quatre mille cavaliers sont rassemblés et battent la campagne. Malheur à ce qui tombe entre leurs mains. Dans ce paroxysme d'excitation l'Arabe est sans pitié.

On sait le reste.

Quelques régiments français vont au-devant des rebelles, les rencontrent et leur livrent bataille. Le marabout se tient prudemment en arrière et quand quelques centaines de fanatiques mordent la poussière, comme dernièrement près d'Aïn-Mahadi, les survivants s'enfuient marabout en tête et vont dans le désert cacher leur rage et leur impuissance. On les châtie en s'emparant de leurs troupeaux et les malheureux, bientôt à bout de ressources, viennent implorer leur pardon.

Tout cela, bien entendu, ne se passe pas avec autant de facilité qu'on le raconte. Nous aussi nous perdons des hommes dans ces combats sans merci, et nos braves soldats ne triomphent de ces ennemis, qu'on aurait tort de ne

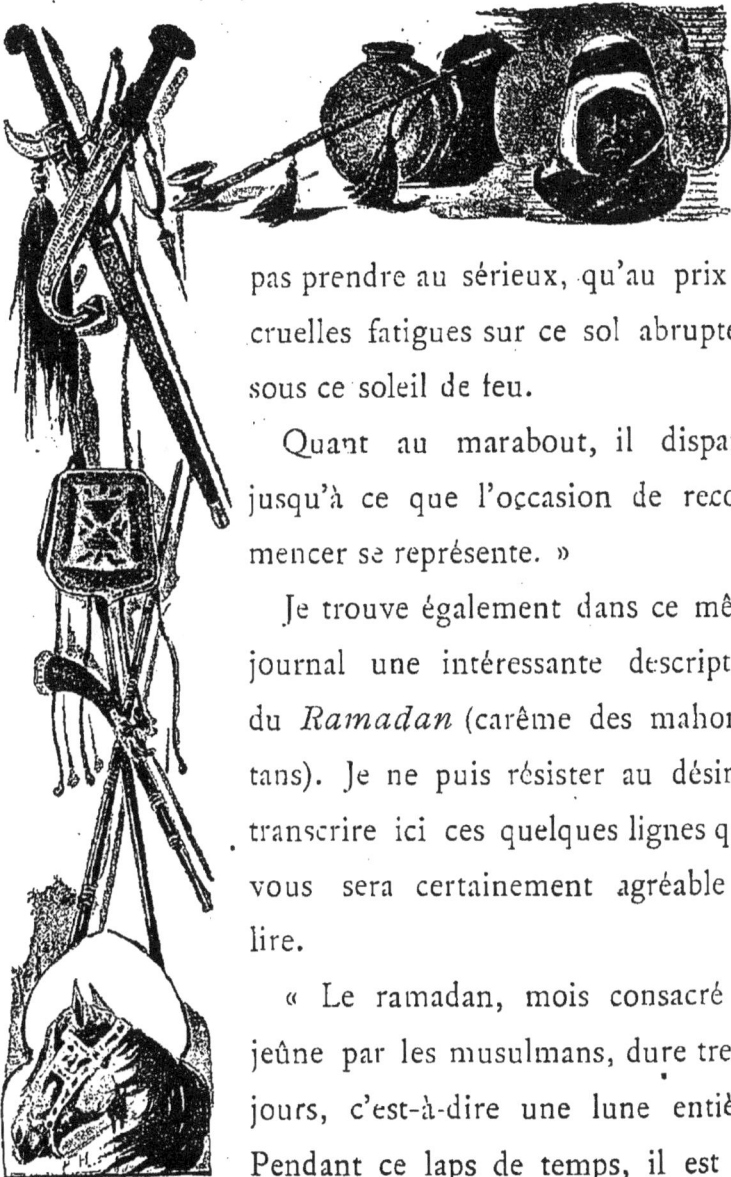

pas prendre au sérieux, qu'au prix de cruelles fatigues sur ce sol abrupte et sous ce soleil de feu.

Quant au marabout, il disparaît jusqu'à ce que l'occasion de recommencer se représente. »

Je trouve également dans ce même journal une intéressante description du *Ramadan* (carême des mahométans). Je ne puis résister au désir de transcrire ici ces quelques lignes qu'il vous sera certainement agréable de lire.

« Le ramadan, mois consacré au jeûne par les musulmans, dure trente jours, c'est-à-dire une lune entière. Pendant ce laps de temps, il est ex-

pressément interdit à tout vrai croyant
de boire, de manger et de fumer depuis
l'heure de minuit jusqu'après le coucher du soleil. On voit que le carême
mahométan dépasse de beaucoup en
rigueur celui des catholiques romains,
Néanmoins comme dans ce dernier, il
y a quelques dispenses. Lors d'un cas
extraordinaire, en voyage, par exemple,
si l'on est par trop pressé de la soif,
on a le droit d'aspirer par les narines
l'eau contenue dans le creux de la
main, ou de se rincer la bouche
sans avaler le liquide; quelquefois
même, une personne atteinte de ma-
ladie grave peut se permettre de

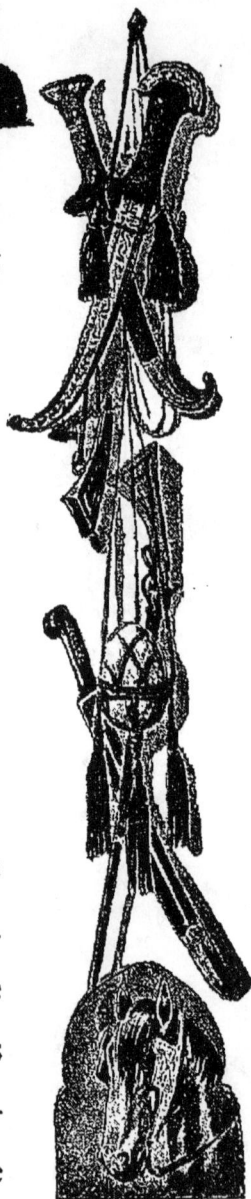

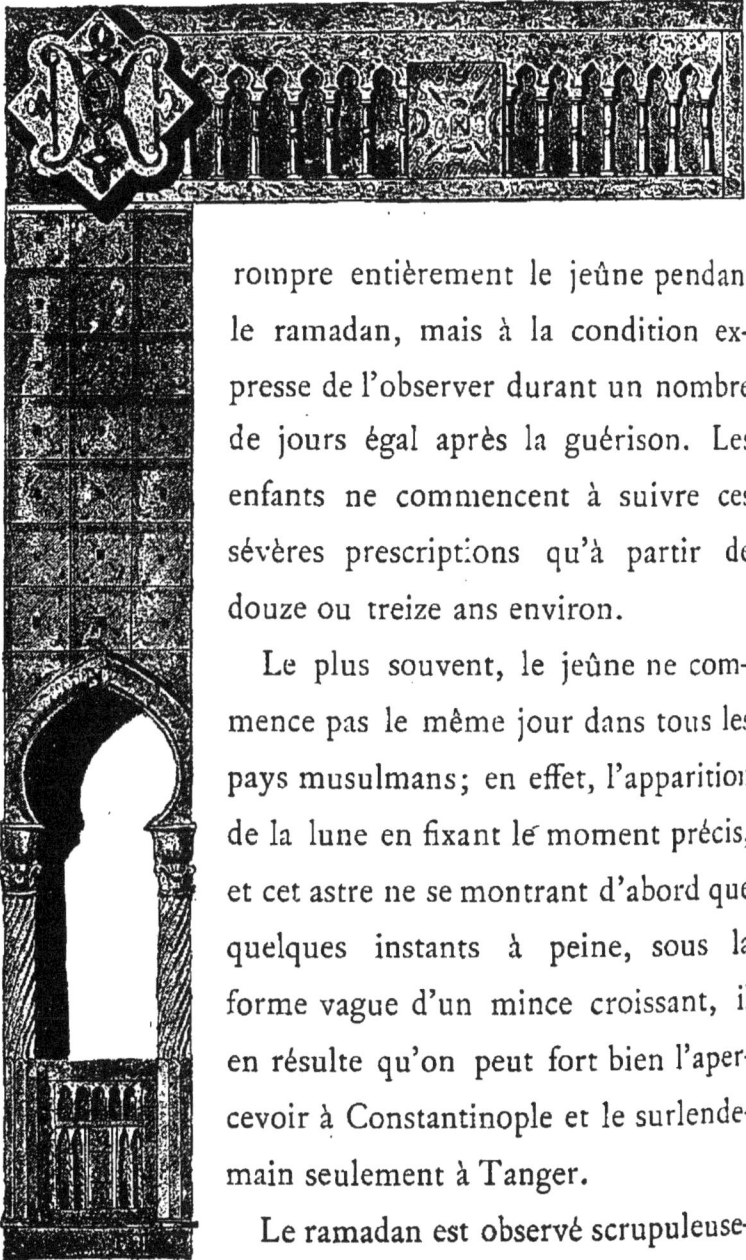

rompre entièrement le jeûne pendant le ramadan, mais à la condition expresse de l'observer durant un nombre de jours égal après la guérison. Les enfants ne commencent à suivre ces sévères prescriptions qu'à partir de douze ou treize ans environ.

Le plus souvent, le jeûne ne commence pas le même jour dans tous les pays musulmans; en effet, l'apparition de la lune en fixant le moment précis, et cet astre ne se montrant d'abord que quelques instants à peine, sous la forme vague d'un mince croissant, il en résulte qu'on peut fort bien l'apercevoir à Constantinople et le surlendemain seulement à Tanger.

Le ramadan est observé scrupuleuse-

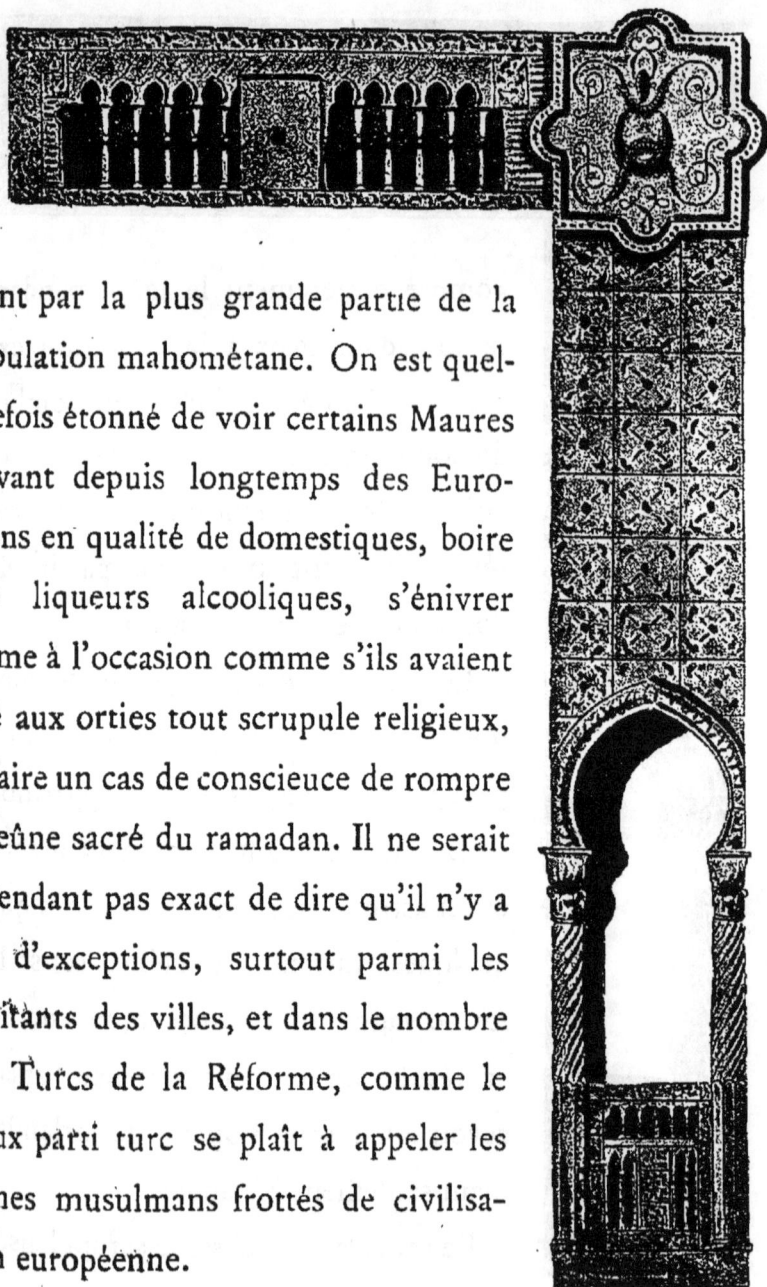

ment par la plus grande partie de la population mahométane. On est quelquefois étonné de voir certains Maures servant depuis longtemps des Européens en qualité de domestiques, boire des liqueurs alcooliques, s'énivrer même à l'occasion comme s'ils avaient jeté aux orties tout scrupule religieux, se faire un cas de conscieuce de rompre le jeûne sacré du ramadan. Il ne serait cependant pas exact de dire qu'il n'y a pas d'exceptions, surtout parmi les habitants des villes, et dans le nombre des Turcs de la Réforme, comme le vieux parti turc se plaît à appeler les jeunes musulmans frottés de civilisation européenne.

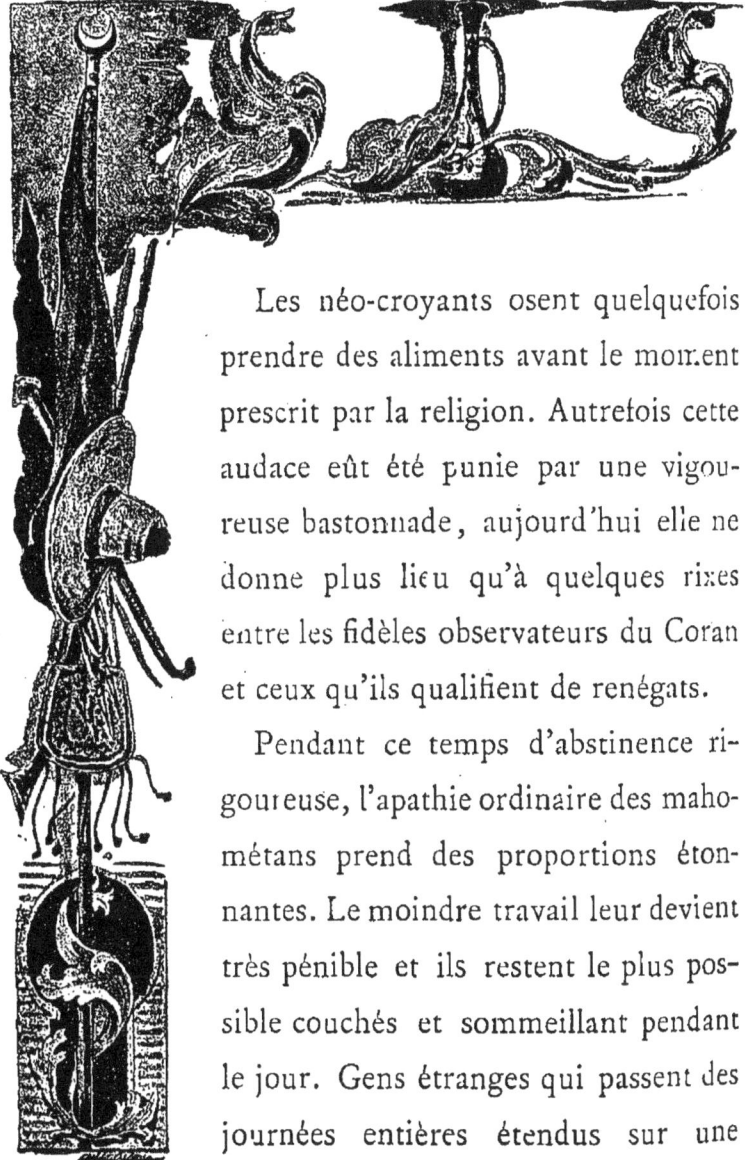

Les néo-croyants osent quelquefois prendre des aliments avant le moment prescrit par la religion. Autrefois cette audace eût été punie par une vigoureuse bastonnade, aujourd'hui elle ne donne plus lieu qu'à quelques rixes entre les fidèles observateurs du Coran et ceux qu'ils qualifient de renégats.

Pendant ce temps d'abstinence rigoureuse, l'apathie ordinaire des mahométans prend des proportions étonnantes. Le moindre travail leur devient très pénible et ils restent le plus possible couchés et sommeillant pendant le jour. Gens étranges qui passent des journées entières étendus sur une

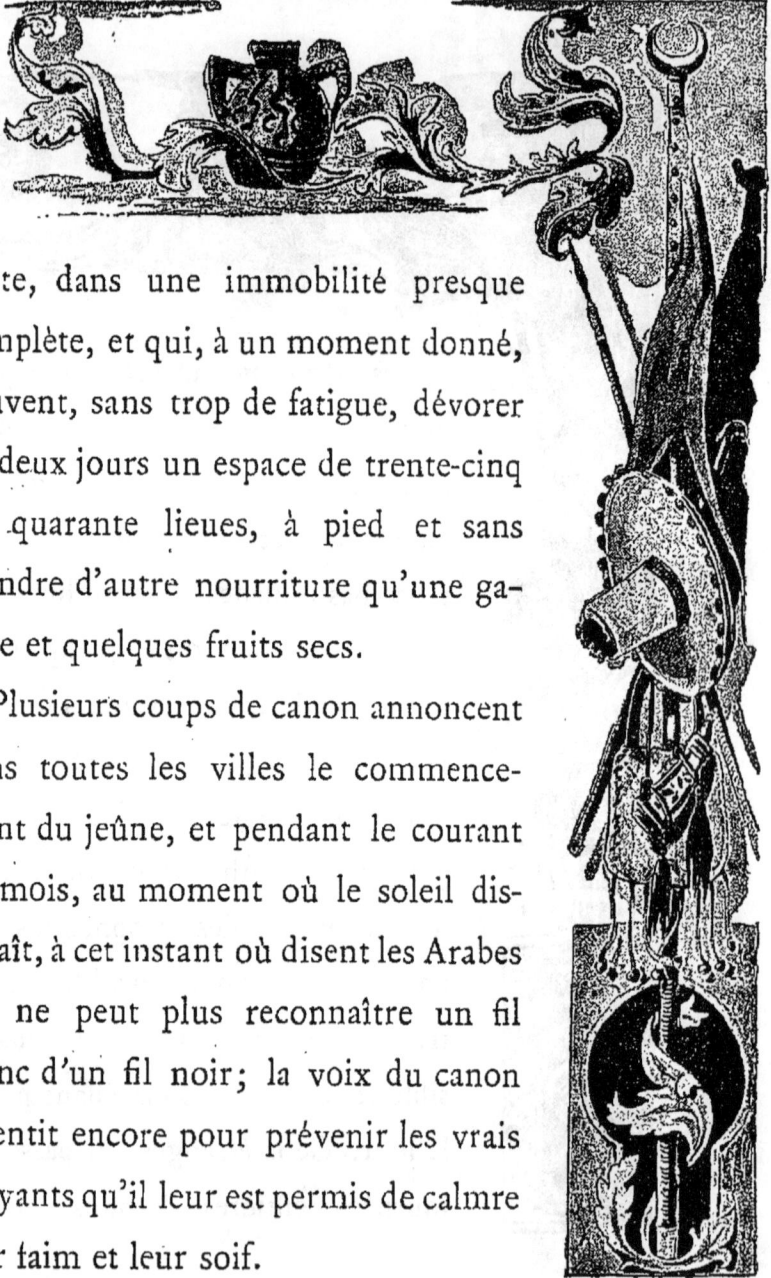

natte, dans une immobilité presque complète, et qui, à un moment donné, peuvent, sans trop de fatigue, dévorer en deux jours un espace de trente-cinq ou quarante lieues, à pied et sans prendre d'autre nourriture qu'une galette et quelques fruits secs.

Plusieurs coups de canon annoncent dans toutes les villes le commencement du jeûne, et pendant le courant du mois, au moment où le soleil disparaît, à cet instant où disent les Arabes on ne peut plus reconnaître un fil blanc d'un fil noir; la voix du canon retentit encore pour prévenir les vrais croyants qu'il leur est permis de calmre leur faim et leur soif.

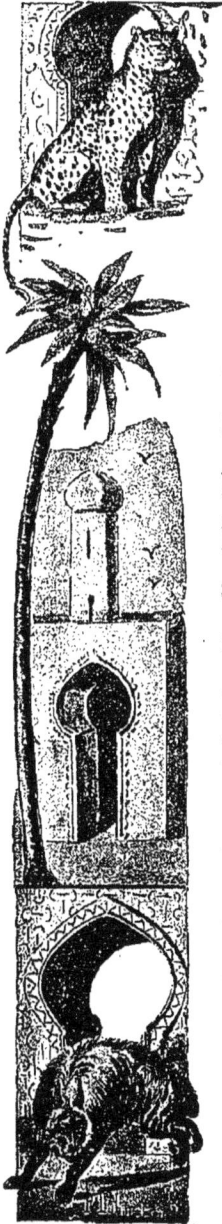

Dans les villes, c'est seulement alors,
quand le soleil est sur le point de se
dérober à l'horizon, que les quartiers
musulmans secouent la torpeur qui
pèse sur eux. Les cafés fermés tout le
jour, se rouvrent à de nombreux con-
sommateurs; les fourneaux éteints se
rallument, le maître de l'établissement
prépare la liqueur chérie des indigènes,
les pipes se bourrent, les cigarettes se
roulent; s'il fait beau, les nattes et les
bancs sont tirés devant la porte et cha-
cun s'étend ou s'assied à sa fantaisie;
c'est le meilleur moment de la journée.

Au signal donné par le canon, un
murmure joyeux répond et passe sur la
cité comme une brise. Le *kaouadji*
(cafetier) se précipite, sa courte pin-

cette à la main, et pose sur chaque
pipe un charbon incandescent, ses aides
distribuent à droite et à gauche les ga-
melles d'eau claire, les tasses d'un café
brûlant et épais, et bientôt un nuage
odorant de fumée de tabac vient prouver que le jeûne sacré est rompu pour
quelques heures. »

J'aurais encore bien des choses à vous
raconter sur ce beau pays mais j'ai déjà
bien longuement abusé de votre pa-
tience. Cependant avant declore ce long
récit qu'il me soit permis de vous
donner, au cas où après la lecture de
cet exposé vous vous décidiez à aller
visiter l'Algérie, ce que je souhaite de
tout cœur, quelques renseignements
qui pourront vous être très utiles.

Abordez toujours l'Arabe franche-

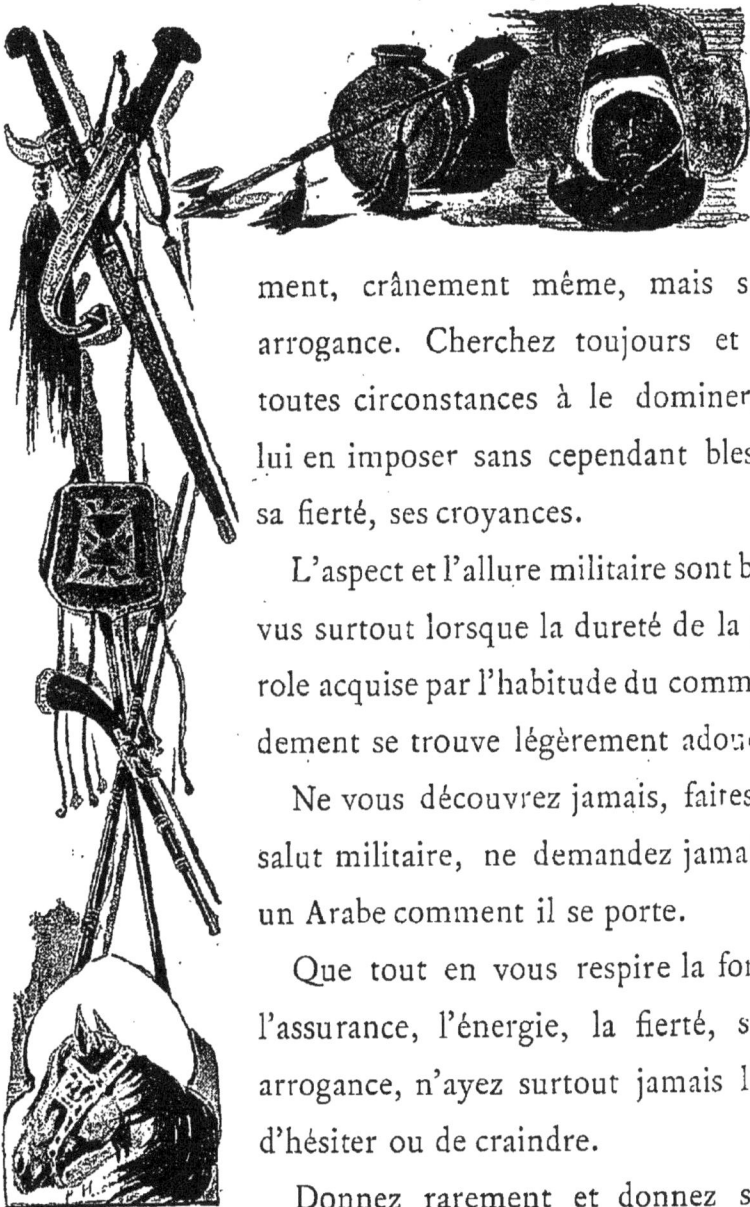

ment, crânement même, mais sans
arrogance. Cherchez toujours et en
toutes circonstances à le dominer, à
lui en imposer sans cependant blesser
sa fierté, ses croyances.

L'aspect et l'allure militaire sont bien
vus surtout lorsque la dureté de la pa-
role acquise par l'habitude du comman-
dement se trouve légèrement adoucie.

Ne vous découvrez jamais, faites le
salut militaire, ne demandez jamais à
un Arabe comment il se porte.

Que tout en vous respire la force,
l'assurance, l'énergie, la fierté, sans
arrogance, n'ayez surtout jamais l'air
d'hésiter ou de craindre.

Donnez rarement et donnez sans

offrir, faites-le spontanément car il est
un proverbe arabe qui dit : Le fort
donne sans promettre et le faible promet sans donner. (Prière à mon excellent ami Fournier de ne pas trop ca-
lembouriner sur mon dos).

Si vous tenez à être bien jugé, ne
portez jamais comme bijou ou comme
ornement des attributs susceptibles de
vous amoindrir à leurs yeux, une tête
de femme par exemple.

Le chapeau haut de forme *Berrita*
surtout le chapeau noir est souvent
l'objet de risée pour eux, portez de
préférence un chapeau bas cranement
posé sur la tête (genre Mousquetaire,
Tyrolien, etc.).

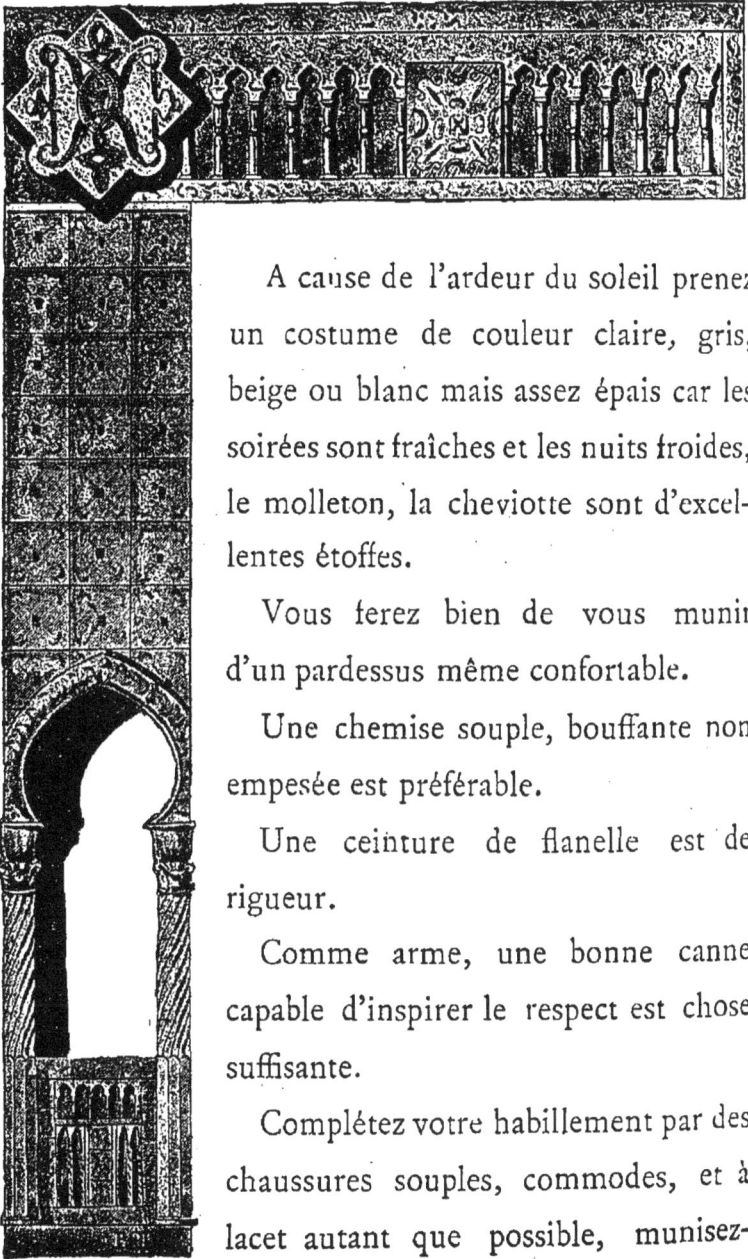

A cause de l'ardeur du soleil prenez un costume de couleur claire, gris, beige ou blanc mais assez épais car les soirées sont fraîches et les nuits froides, le molleton, la cheviotte sont d'excellentes étoffes.

Vous ferez bien de vous munir d'un pardessus même confortable.

Une chemise souple, bouffante non empesée est préférable.

Une ceinture de flanelle est de rigueur.

Comme arme, une bonne canne capable d'inspirer le respect est chose suffisante.

Complétez votre habillement par des chaussures souples, commodes, et à lacet autant que possible, munisez-

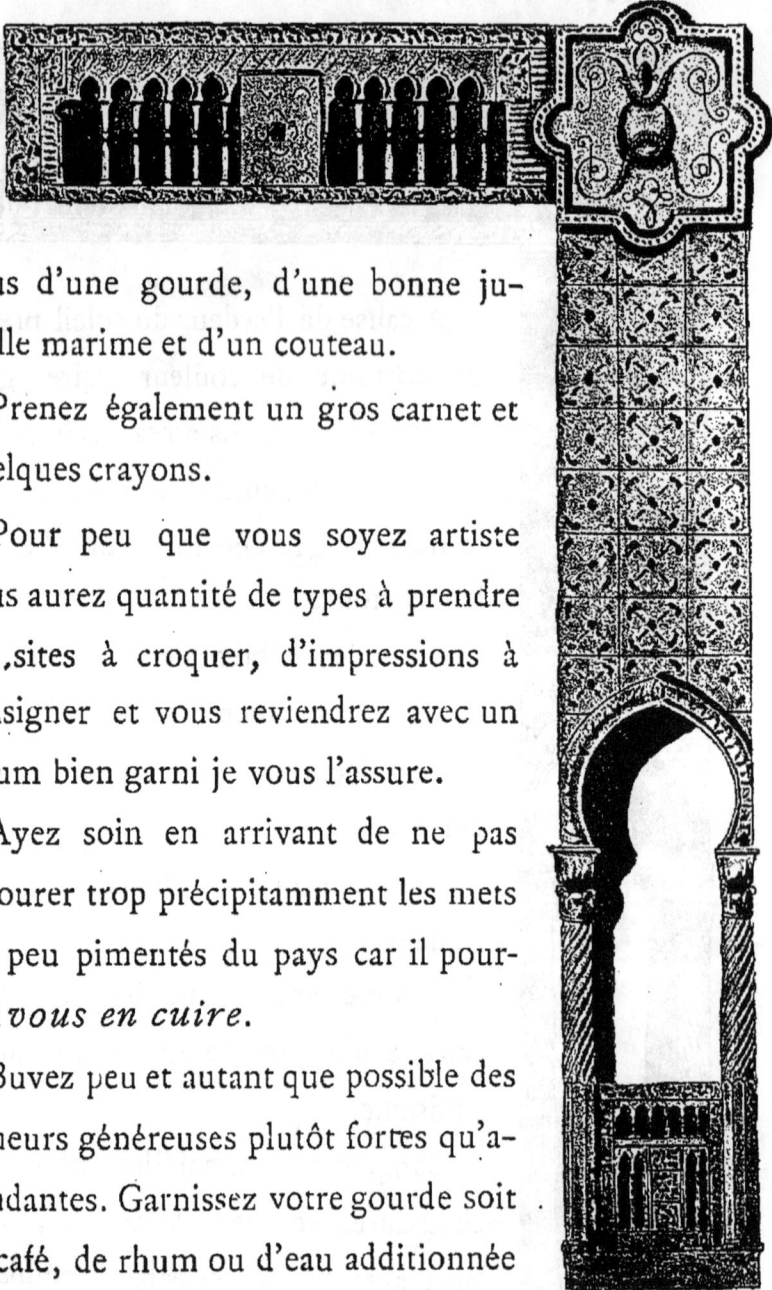

vous d'une gourde, d'une bonne ju-
melle marime et d'un couteau.

Prenez également un gros carnet et
quelques crayons.

Pour peu que vous soyez artiste
vous aurez quantité de types à prendre
de ,sites à croquer, d'impressions à
consigner et vous reviendrez avec un
album bien garni je vous l'assure.

Ayez soin en arrivant de ne pas
savourer trop précipitamment les mets
un peu pimentés du pays car il pour-
rait *vous en cuire*.

Buvez peu et autant que possible des
liqueurs généreuses plutôt fortes qu'a-
bondantes. Garnissez votre gourde soit
de café, de rhum ou d'eau additionnée

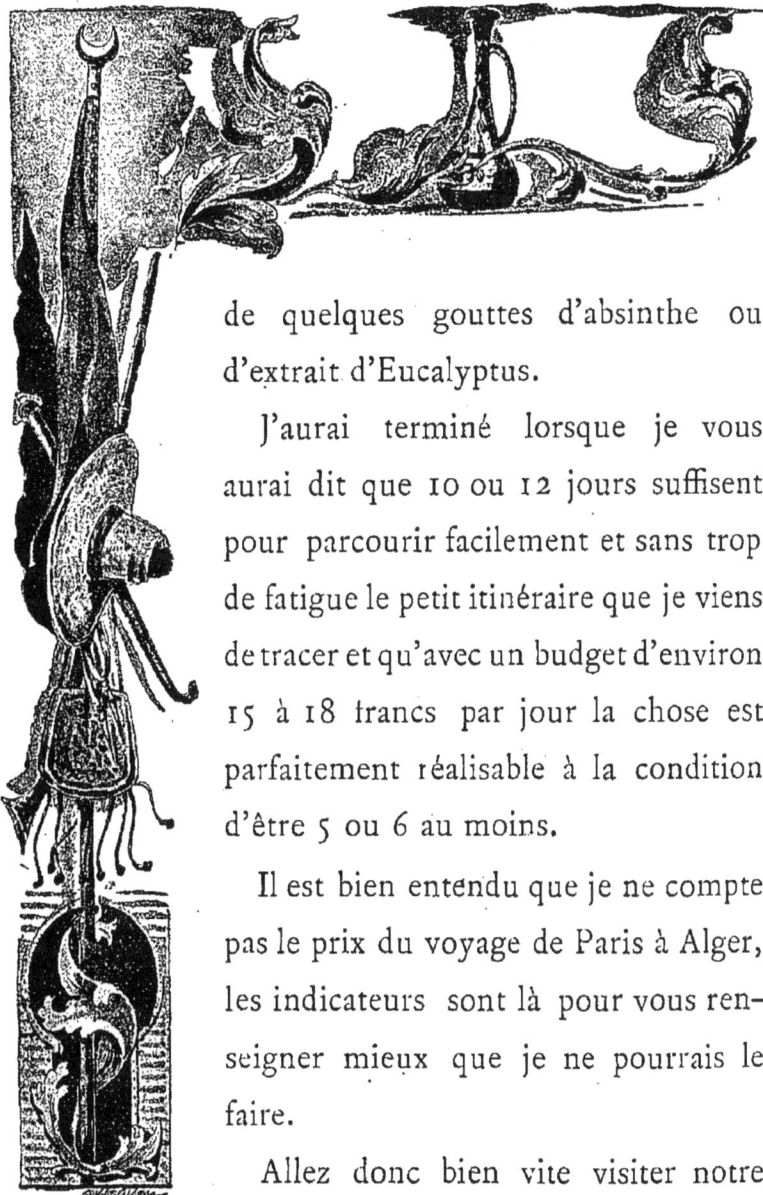

de quelques gouttes d'absinthe ou
d'extrait d'Eucalyptus.

J'aurai terminé lorsque je vous
aurai dit que 10 ou 12 jours suffisent
pour parcourir facilement et sans trop
de fatigue le petit itinéraire que je viens
de tracer et qu'avec un budget d'environ
15 à 18 francs par jour la chose est
parfaitement réalisable à la condition
d'être 5 ou 6 au moins.

Il est bien entendu que je ne compte
pas le prix du voyage de Paris à Alger,
les indicateurs sont là pour vous ren-
seigner mieux que je ne pourrais le
faire.

Allez donc bien vite visiter notre

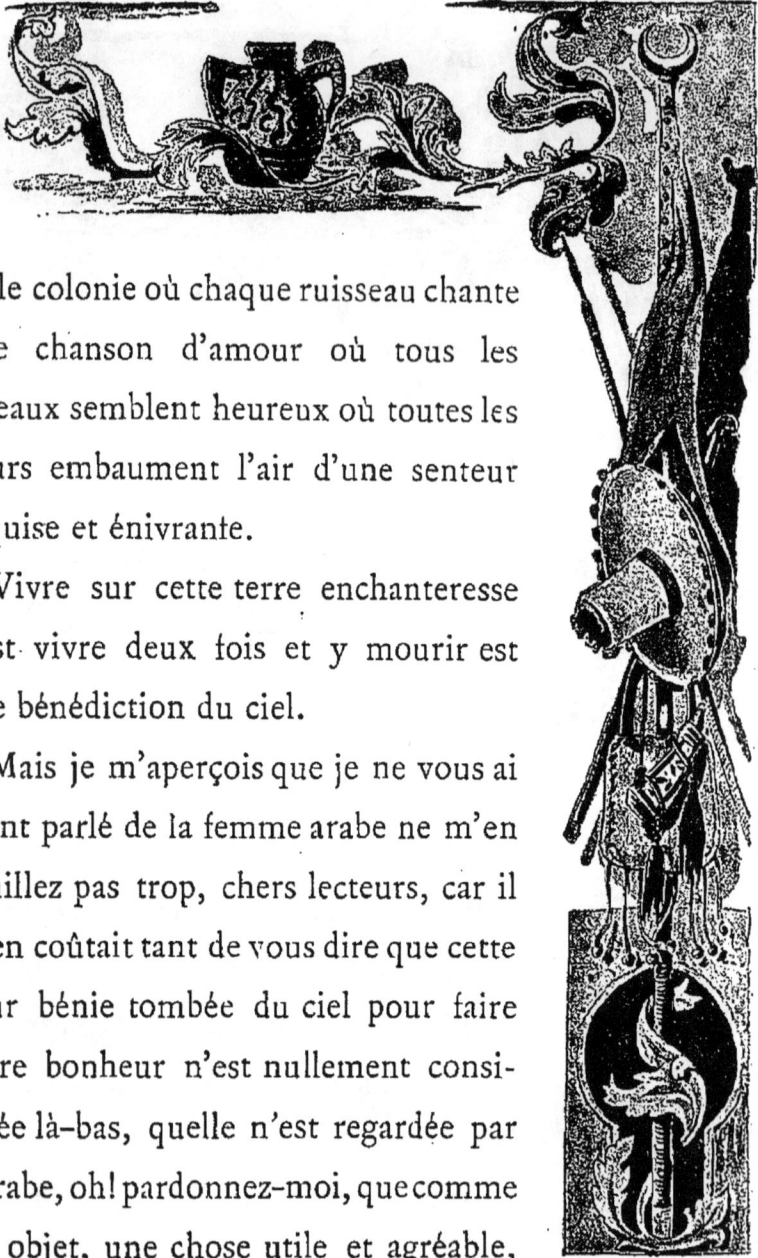

belle colonie où chaque ruisseau chante une chanson d'amour où tous les oiseaux semblent heureux où toutes les fleurs embaument l'air d'une senteur exquise et énivrante.

Vivre sur cette terre enchanteresse c'est vivre deux fois et y mourir est une bénédiction du ciel.

Mais je m'aperçois que je ne vous ai point parlé de la femme arabe ne m'en veuillez pas trop, chers lecteurs, car il m'en coûtait tant de vous dire que cette fleur bénie tombée du ciel pour faire notre bonheur n'est nullement consi- dérée là-bas, quelle n'est regardée par l'Arabe, oh! pardonnez-moi, que comme un objet, une chose utile et agréable,

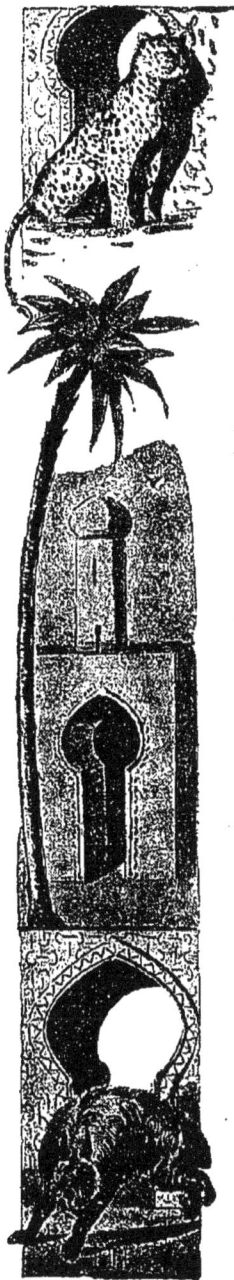

susceptible seulement de donner satisfaction à ses gôuts et à sa forte nature.

La Mauresque cependant est fort
jolie, pleine de grâce et d'attraits mais
elle est si bien gardée que c'est pour
nous, pauvres *Roumis*, un fruit abso-
lument défendu.

Aussi, nobles femmes de France
épouses bien aimées n'ayez crainte
laissez nous aller visiter le beau pays
aux pommes d'or et au ciel bleu, laissez
nous faire le pieux et bienfaisant péle-
rinage de *Bir-Traria* et nous vous
reviendrons plus forts, pleins d'une
noble et vaillante ardeur et vous bénirez
notre retour, j'en suis certain.

ANATOLE LEFORT.

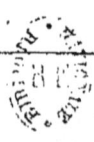

Vive le vin de Médéa
Les mandarines de Blidah
Boufarik, Alger, la Chiffa
Béni-Méred et puis Barka.

L'orange, ce fruit délicieux,
Cette pomme de l'Algérie,
Ce fruit tant aimé des amoureux
Vaut bien la pomme de Normandie,
Sa saveur, son parfum, tout en elle
Fait que des pommes c'est la plus belle.

Le vin de Médéa est fameux,
Il vaut bien celui de Malaga,
Mais prenez gard' il est capiteux,
Du moins, c'est l'avis de Bou-Maza.
Le Bourguignon et le Bordelais
Trouvent aussi qu'il n'est pas mauvais.

Si vous m'en croyez, mes chers amis,
Vous irez vite en Algérie
Boir' de ce bon vin de Médéa,
Manger des oranges de Blidah,
Visiter Alger et Coléa,
Sidi-Brahim et Miliana.

# TRADUCTION

de

## quelques mots ou expressions arabes

ABD ALLAH. Serviteur de Dieu.

ANCEUR. Source.

ARROUA MENNA. Viens à moi.

ALLAH. Dieu.

ADJELA. Perdrix.

ALMA. L'eau.

ARAMI. Canaille.

BONO. Bon.

BEZEF. Beaucoup.

BEDAIA. Gilet.

BABOUCHE. Pantoufle.

BAB-EL-OUED. Porte du ruisseau, de la rivière.

BARKA. C'est tout. Assez.

BIR TRARIA. Fontaine fraîche.

BIBERAS. Oignons.

BEN. Fils.

BENT. Fille.

Bou. Surnom (possesseur de).

Ba. Petit-fils.

Berrita. Gibus. Chapeau haut de forme.

Berrani. Étranger.

Biskri. Jeune commissionnaire.

Baleck. Va-t'en.

Bou Amama. Possesseur du turban (titre).

Bou Maza. L'homme à la chèvre.

Chaouch. Garde. Agent de police.

Chachia. Calotte rouge. Coiffure.

Chatahate. Danse mauresque.

Chouf. Regarde.

Chitan. Satan. Diable.

Diffa. Repas de cérémonie.

Derbouka. Instrument de musique.

Dib. Chacal.

Douro. Pièce de 5 francs en argent.

El bahr Alix. Que le diable t'emporte.

Hallouf. Cochon.

Hallouf en Raba. Porc sauvage.

Fissa-Fissa. Vite, promptement.

Guesba. Flûte.

Hadj. Pélerin (retour de la Mecque).

Djbair. Sacoche. Giberne.

Eudjar. Voile qui cache la figure des Mauresques.

Fatma. Femme.

Flissa. Sabre.

Katibeb ech Chitan. Tatouage. Signe diabolique.

Kaoua. Café.

Kaouadji. Cafetier.

Kébir. Crand chef, supérieur.

Kabech. Tête.

Korchef. Sorte d'artichaut sauvage.

Kelb. Chien.

Kamendja. Violon à une corde.

Maukeref. Qualité donnée aux chevaux de noble extraction.

Enta Taraf. Tu en sais plus que moi.

Souk. Marché.

Thalba. Ècrivain public.

Gandoura. Sorte de vêtement d'homme, fait comme une chemise de femme.

Moukala. Fusil.

Makache. Non, pas du tout.

MEKTOUB REBBI. C'était écrit.

MOUDJADJO. Petit marécage.

MAUTATCHOU. Petit enfant.

MARABOUT. Prêtre, tombeau d'un prêtre.

MANONCIA. Moustiquaire en gaze.

UTEF. Action d'épiler.

OURANE. Grand lézard.

OUCELTE. Je suis arrivé.

OUAS MEK INTA. Comment te nommes-tu ?

OUED. Rivière, ruisseau.

OU RAS BABAK. Par la tête de ton père (juron).

RANGUITA. Petite pipe de femme.

RAITA. Flageolet.

ROUMI. Chrétien.

ROHEMECK-ALLAH. Que Dieu te bénisse.

RAS EL ENGALE. Nid de l'aigle.

ROCK EL BEB. Ferme la porte.

SBAÇA. Petite pipe pour fumer le kif.

SÉROUAL. Pantalon.

STENA CHOUIA. Attends un peu.

SBA. Lion.

SÉBATES. Chaussures.

TELLIS. Couverture de laine.

TELL. Butte, petite montagne.

TALEB. Qui sait lire, écrire.

TAR. Tambour.

ZUAT. Marchand d'huile.

ALTHAR. Épicier, droguiste.

SALAMALECK. Révérences, compliments.

DJBEB. Jeune homme imberbe.

BARBARIA. Barbe.

YAOULED. Portefaix, commissionnaire.

SORDI. Sou, un sou.

PACHAGA. Gouverneur indigène d'une grande région.

AGA. Chef d'une grande contrée, préfet indigène.

CAÏD. Administrateur sous les ordres de l'aga, sous-préfet indigène.

SCHEIK. Chef d'une grande tribu.

CADI. Juge et officier civil indigène.

ZAOUIA. École, institution.

TOLBAS. Étudiants.

ULÉMAS. Savants.

MAKEDEM. Gardiens.

OUKIL. Fondé de pouvoirs.

KODDAM. Serviteurs.

GOUMS. Cavaliers auxiliaires.

OUAAD. Un.

ZOUCH. Deux.

KLÉTA. Trois.

ARBA. Quatre.

KROMÇA. Cinq.

SÉTA. Six.

SÉBA. Sept.

SMÉNIA. Huit.

TESSA. Neuf.

ACHERA. Dix.

ADACH. Onze.

TENACH. Douze.

CLÉTACH. Treize.

ARBATACH. Quatorze.

KROMSTACH. Quinze.

SÉTACH. Seize.

SÉBATACH. Dix-sept.

SMÉNIATACH. Dix-huit.

TESSATACH. Dix-neuf.
ACHERINE. Vingt.

Razzia. Râfle de bétail.

Sidi. Monsieur.

Cheraga. Est.

Keraba. Ouest.

Douar. Réunion de plusieurs tentes sous la même autorité.

Ferka. Réunion de plusieurs douars.

Ksours. Petit village indigène.

Chendat. Militaire.

DU MÊME AUTEUR, EN PRÉPARATION

# Pour la Patrie

*ÉPISODES DE LA GUERRE DE 1870*

Histoire vraie

# VOYAGES AUX PAYS DES FOURRURES

Ouvrages illustrés par P. DUBUISSON

Imprimerie BERLHE

A FONTENAY-AUX-ROSES

(Seine)